BÄRENSTARKE VORSCHULAKTIVITÄTEN

Spielerisch durch die Bildungsbereiche in der Kita

Dörte Wolf Hardage

Verlag an der Ruhr

Impressum

Titel
Bärenstarke Vorschulaktivitäten
Spielerisch durch die Bildungsbereiche in der Kita

Autorin
Dörte Wolf Hardage

Umschlagmotive/Motive im Innenteil
Cover-Foto vorne: © Studio.G photography; Foto Rückseite: © A3pfamily – beide Shutterstock.com;
Bär-Superheld, Sterne: © black sun – Shutterstock.com

Druck
Heenemann GmbH & Co. KG, Berlin, DE

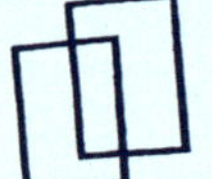

Verlag an der Ruhr
Mülheim an der Ruhr
www.verlagruhr.de

Geeignet für Kinder von 4–6 Jahren

ISBN 978-3-8346-4782-5

Inhalt

Einführung

Das **Vorschuljahr** ist ein besonders spannendes Jahr für Kinder, da sie beginnen, sich auf die Schule zu freuen. Ihre **kognitive Entwicklung** lässt sie Spielgelegenheiten und Aufgaben suchen und wählen, die dem schulischen Lernen ähnlich sind, und sie zeigen Interesse an Schriftsprache. Grob- und Feinmotorik sind so weit entwickelt, dass sich den Kindern zusätzliche Lerngelegenheiten auftun, in denen sie diese neuen Fähigkeiten einsetzen und verbessern können.

Aber wie kann man dieses neue Interesse am schulischen Lernen mit Spielen verknüpfen? Spielen ist und bleibt die beste und erfolgreichste Lernmethode – **„Spielen = Lernen"**. Ziel bleibt, dass die Kinder Spaß und Freude am Entdecken und Lernen haben. Jetzt kommt es darauf an, das Aktivitätsangebot und die Lernumgebung so zu gestalten, dass Kinder spielerisch ihre Kompetenzen erweitern und sich auf die Schule vorbereiten.

Mathematische, sprachliche und naturwissenschaftliche Konzepte können ebenso gut eingebaut werden wie **Musik, Kunst und Bewegung**. Für wichtig erachte ich in diesem besonderen Alter auch **Wahrnehmung und problemlösendes Denken**. Themen müssen altersgerecht, relevant und realistisch sein und sie werden am besten unter einer Themenüberschrift zusammengehalten.

Dies kann auch geschehen, wenn die Kinder zur **Förderung der Schulfähigkeit** nur zeitweise aus dem Gruppenraum gezogen werden. Übungen können sich nach den Themen in der Gruppe richten oder sich auf bestimmte Kompetenzen konzentrieren. Wichtig ist, dass die Kinder einen Bezug sowohl zum Thema, dem*der Erzieher*in[1] und dem Material entwickeln.

[1] Der Verlag an der Ruhr legt großen Wert auf eine geschlechtergerechte und inklusive Sprache. Daher nutzen wir das Gendersternchen, um sowohl männliche und weibliche als auch nichtbinäre Geschlechtsidentitäten einzuschließen. Alternativ verwenden wir neutrale Formulierungen.

Im Folgenden finden Sie **sechs Vorschuleinheiten** mit ausgesuchten **Lieblingsthemen** von Kindern, die ansprechend und einfach einzusetzen sind. Jedes Thema bietet Aktivitäten für die **Förderung der Kompetenzentwicklung** in den Bereichen **sozial-emotionales Lernen, Literacy, Wahrnehmung, Mathematik, Motorik und Naturwissenschaften**. Die Materialien eignen sich, die Kinder besonders an das schulische Lernen spielerisch heranzuführen.

Das Vorschuljahr schafft den Kindern ein Verständnis von den Konzepten, die hinter schulischem Lernen stehen, wie z. B. dem Konzept „Kommunikation" für **Sprache und Literacy**. Die Kinder erfahren, dass man unterschiedlich kommunizieren kann – durch Sprechen, Schreiben, mit Gesten, Bildern etc. Zu jedem Buchstaben gehört ein Laut, und wenn man diese zusammensetzt, entstehen Wörter und Sätze. Mein Ziel ist, **phonologische Bewusstheit** zu vermitteln. Die Kinder lernen die Form und den Laut eines Buchstabens kennen. Niemand muss schreiben oder lesen, aber meine Erfahrung zeigt immer wieder, dass tatsächlich schulfähige Kinder diese Spiele zum Anlass nehmen, sich selbst mit Wort und Schrift zu beschäftigen und damit zu experimentieren.

Dasselbe gilt für **Mathematik**. Kinder kennen meist die Zahlen und können zählen, aber ihnen fehlt das Verständnis der dazugehörigen **Mengen**. Sie werden lernen, Zahlen entsprechenden Mengen zuzuordnen, „mehr" von „weniger" zu unterscheiden, einschließlich einfachen Mess-, Wiege- und Schätzaktivitäten.
Die **naturwissenschaftlichen Kompetenzen** beginnen damit, dass Kinder lernen, sich und ihre Umgebung zu beobachten, zu verfolgen und die **Beobachtungen** zu dokumentieren, was durchaus möglich ist, z. B. mit Bildern. Auch erste Vermutungen und Hypothesen sowie deren Be- oder Widerlegung können Kinder dieses Alters erstellen, durchführen und festhalten.

Eine Vielfalt von **Spielen** schafft zahlreiche Lerngelegenheiten, ob allein, mit Partner*in oder in der Gruppe. Wenn möglich, mit Gegenständen, die die Kinder anfassen und mit **allen Sinnen** erkunden können. Dies lässt nicht nur individuelles und differenzierteres Lernen zu, sondern unterstützt auch die Entwicklung der **sozialen und emotionalen Kompetenzen** der Kinder. Abwarten, sich abwechseln, mal gewinnen, mal verlieren und kleine Streitigkeiten während des Spiels geben den Kindern natürliche Gelegenheiten, ihr sozial-emotionales Lernen und Vokabular zu stärken.

Wie Sie sehen werden, dauern die Spiele unterschiedlich lang, auch mit dem Hintergedanken, die **Konzentrations- und Aufmerksamkeitsspanne** der Kinder langsam aufzubauen. Selbstorganisation und -motivation spielen eine ebenso wichtige Rolle. Einige Aufgaben haben zudem konkrete Arbeitsaufträge und die Kinder lernen, aufmerksam zu sein und diese Aufträge korrekt auszuführen. Jedes Thema beinhaltet Ideen für sozial-emotionales Lernen. Diese sind zum Teil unabhängig vom Thema formuliert und Sie können sie jederzeit **herausgelöst** nutzen.

Sie können die Einheiten als ganze einsetzen und das Material so benutzen, dass alle Kompetenzen der Kinder gefördert werden. Aber auch für diejenigen, die nicht die Zeit oder Möglichkeiten haben, die gesamte Einheit umzusetzen, ist dieses Buch hilfreich. Die einzelnen Kompetenzen können unabhängig voneinander gefördert und gefestigt werden.

Die meisten Aktivitäten verfügen über **Kopiervorlagen**, die Sie ausdrucken und ggf. **laminieren** können. So können Sie diese immer wieder benutzen. Achten Sie bitte beim Laminieren darauf, dass keine scharfen Kanten entstehen, an denen die Kinder sich verletzen könnten.

Bei vielen Kopiervorlagen bietet es sich ebenfalls an, diese am Kopierer zu **vergrößern**, damit ausgeschnittene Elemente nicht zu klein werden und besser für die Kinder handhabbar sind.
Zusätzlich sollten Sie, wenn möglich, neben den üblichen Dingen, wie Bleistiften, Buntstiften, Scheren etc., ein Anlaut- bzw. Buchstabenposter und Zahlen- bzw. Mengenschilder aushängen. Ohne sie als Lehrmittel direkt einzusetzen, können Sie trotzdem hin und wieder darauf verweisen und die Kinder anregen, einen bestimmten Buchstaben durch sein Bild und seinen Anlaut zu finden.
Die angegebenen **Materialien** sind so ausgewählt, dass sie in fast jeder Kindertagesstätte vorhanden sind. Dies macht Ihnen die Arbeit leichter.

Ich wünsche Ihnen viel Spaß und lassen Sie sich überraschen, was die Kinder schon wissen und können.

Teddybären

Auch wenn nicht jedes Kind zu Hause einen Teddybären hat, ist die Wahrscheinlichkeit sehr groß, dass es ein anderes Kuscheltier besitzt, das es besonders mag und pflegt. Teddybären als Thema können alle Entwicklungsbereiche eines Vorschulkindes spielerisch abdecken und viel Spaß bereiten, besonders wenn die Kinder ihre eigenen Bären und Kuscheltiere von zu Hause mitbringen dürfen. Hier kommen Ideen und Beispiele, wie Sie mit Teddybären die Kinder in den einzelnen Lernbereichen fördern können. Ihrer eigenen Fantasie, die Angebote auszubauen oder anzupassen, sind dabei keine Grenzen gesetzt.

Sozial-Emotionales Lernen

Bärentag

Sie brauchen:
die Bären/Kuscheltiere der Kinder

Los geht's:
Die Kinder bringen ihren eigenen Bären mit. Diesen stellen sie dann in einem Kreisgespräch vor und beschreiben seine Besonderheiten. Die Bären helfen den Kindern an diesem Tag bei ihren Aufgaben. Die Kinder zeigen ihnen die Lernspielzeuge und der Bär begleitet sie durch den Tag.

Ein Teddybär-Doktor-Rollenspiel

Sie brauchen:
- 1 Spiel-Arztkoffer oder einzelne Spielinstrumente, wie z. B. Stethoskop, Fieberthermometer, Spielzeugspritze usw.
- 1 Kittel
- 1 Haube
- Verband
- Pflaster
- leere Tablettendose oder Hustensaftflasche
- Kopiervorlage *„Teddybär-Doktor-Rollenspiel"* *(S. 7)*

Los geht's:
Gestalten Sie eine Rollenspielecke zum Thema in Ihrer Gruppe mit den o. g. Materialien. Sie können die Kopiervorlage nutzen, um verschiedene Bereiche bzw. „Behandlungszimmer" einzurichten oder Untersuchungspapiere oder Rezepte zur Verfügung zu stellen. Führen Sie die neue Spielecke mit einem Kreisgespräch über Fürsorge und Empathie ein. Laden Sie die Kinder ein, eigene Erfahrungen mit dem Kinderarzt oder der Kinderärztin und der Fürsorge in der Familie zu teilen. Dies setzen Sie um, indem Sie den Kindern die Spielecke zeigen, die Schilder, Vorlagen und Instrumente erklären und die Kinder ermutigen, eine der Rollen einzunehmen, z. B. Arzt oder Ärztin, Teddybär, Eltern etc.

Teddybär-Doktor-Rollenspiel

Anmeldung

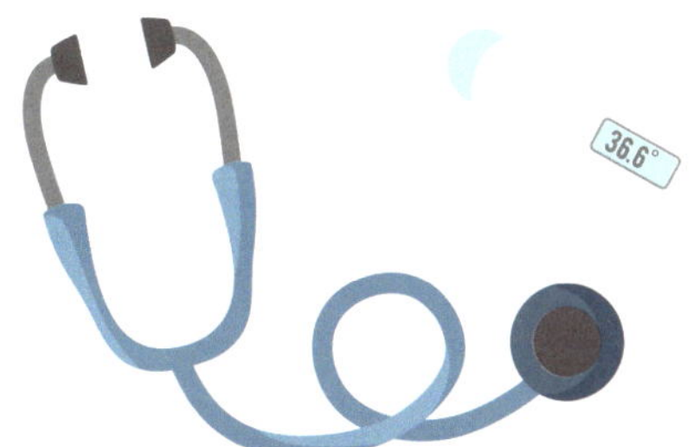

Zimmer 1

Wartezimmer

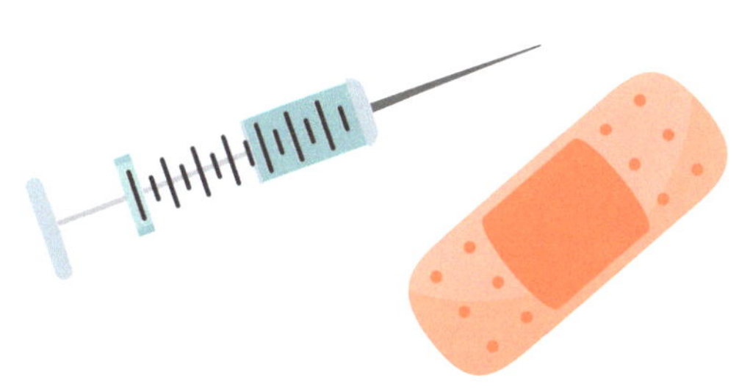

Zimmer 2

Rezept

☐ Tablette

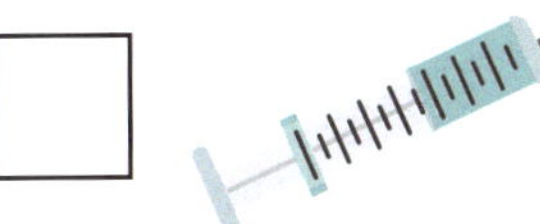 ☐ Spritze

 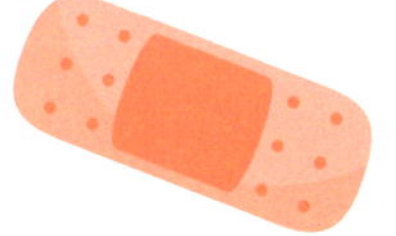 ☐ Pflaster

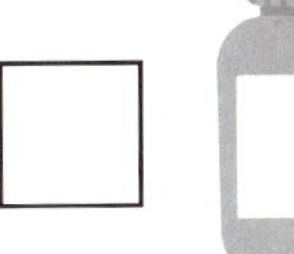 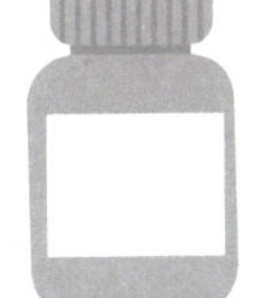 ☐ Hustensaft

Rezept

  Tablette

 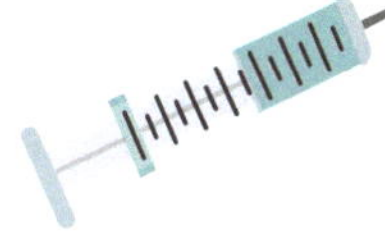 Spritze

  Pflaster

 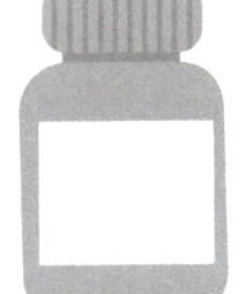 Hustensaft

Gefühlsbären

Sie brauchen:

- ★ Kopiervorlage *„Gefühlsbären"*
- ★ Bleistifte

Los geht's:

Besprechen Sie Gesichter als Ausdruck von Gefühlen.
Die Kinder bekommen jeweils eine Vorlage und finden sich als Paare zusammen.
Ein Kind ist das Modell, es stellt die Gesichtsausdrücke dar und das andere malt die Gesichtsausdrücke in die leeren Bärengesichter. Danach werden die Rollen getauscht.
Im Anschluss vergleichen Sie die Zeichnungen der Kinder und besprechen Unterschiede.

Kopiervorlage

Gefühlsbären

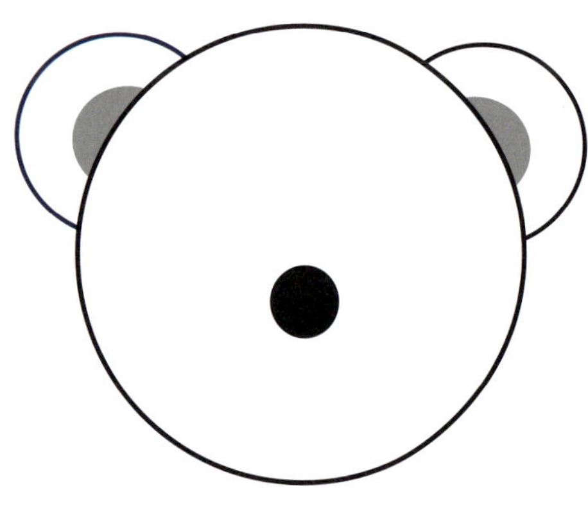

wütend

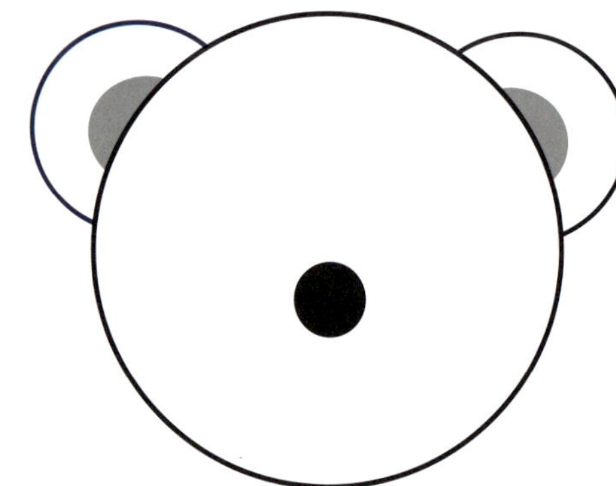

ängstlich

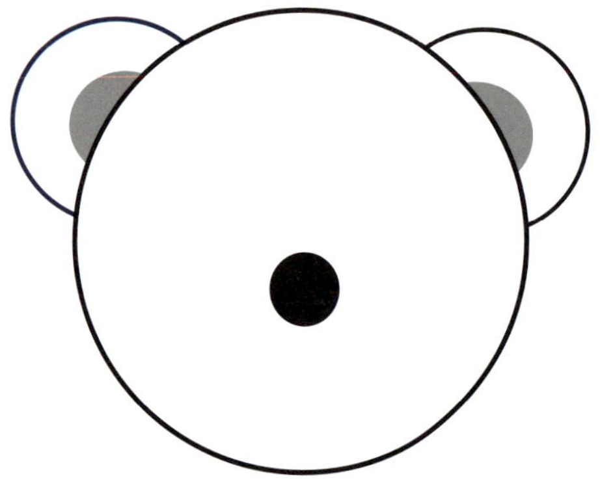

glücklich

traurig

Atmen mit dem Bären

Sie brauchen:

- die Teddybären der Kinder
- leise, ruhige Musik

Los geht's:

Die Kinder legen sich auf den Rücken auf dem Boden oder Teppich. Ihr Bär wird auf ihrem Bauch platziert. Zu leiser, ruhiger Musik atmen die Kinder tief in den Bauch hinein – der Bär steigt höher – und dann tief aus – der Bär sinkt. Um den Bären auf dem Bauch zu behalten, müssen die Kinder in ihrer Atmung bewusst sein und sie entsprechend einsetzen. Dabei zählen Sie leise gemeinsam von null bis zehn und anschließend zurück von zehn bis null.

Literacy

Literacy ist die Vermittlung, die Erfahrung und der Einsatz verschiedenster Kommunikationsarten. Kinder lernen, unterschiedliche schriftliche und gedruckte Materialien zu identifizieren, im Kontext zu verstehen und zu interpretieren. Auch können sie so selbst kommunizieren und eigene Materialien herstellen.

Bärenübernachtung

© Aliaksei Shandalin – Shutterstock.com

Sie brauchen:

- die Bären der Kinder
- eine Kamera
- Ideen

Los geht's:

Lassen Sie die Bären eine Nacht im Kindergarten verbringen. Am Ende des Tages können Sie diese in verschiedenen Aktionen im Raum positionieren, z. B. sie klettern auf das Regal, spielen mit den Stiften usw. Halten Sie dies mit Fotos fest und zeigen Sie den Kindern die Fotos am nächsten Tag. Zusammen mit den Kindern überlegen Sie, was die Bären wohl während der Nacht gemacht haben. Diese Sprechanlässe können anschließend in einem eigenen Buch oder einem Foto-Lesespiel festgehalten werden, das auf ein Bücherregal gestellt wird.

B und/oder T

Diese Aktivität stellt die Anlaute B für Bär bzw. T für Teddybär vor und fördert die phonologische Bewusstheit der Kinder. Dabei stellen Sie die Formen und die Laute der beiden Buchstaben vor. Zudem wird die Sprache gefördert und das Vokabular ausgebaut.

Sie brauchen:

- Bildkarten *(s. Kopiervorlage)* oder kleine Gegenstände mit B- und T-Wörtern
- die Buchstaben B und T als Bilder

Los geht's:

Zeigen Sie den Kindern die Buchstaben B und T. Wie sehen sie aus? Wie klingen sie? Gemeinsam mit den Kindern finden Sie andere Wörter, die mit B und T beginnen. Mit diesen können Sie auch Quatschreime oder -sätze bilden, um das Hören und Aussprechen weiter zu üben.

Mit den Bildkarten (kopiert und ggf. vergrößert) oder kleinen Gegenständen mit B- oder T-Wörtern spielen Sie Kimspiele mit den Kindern, indem Sie diese auf den Boden legen und mit einem Tuch abdecken. Entfernen Sie ein Bild/einen Gegenstand darunter, nehmen das Tuch weg und die Kinder raten, welcher Gegenstand nun fehlt.

Wenn Sie möchten, können Sie auch ein oder zwei Gegenstände mit P untermischen, sodass die Kinder den Unterschied zwischen den beiden Lauten bewusst hören. Dies fördert Aufmerksamkeit und Konzentration.

Kopiervorlage

Bildkarten B und T

Ball	Blume	Bär	Baum
Biene	Bonbon	Topf	Teller
Teddybär	Tasche	Tasse	Trompete

Buchstabentatzen

Sie brauchen:

- ★ Kopiervorlage *„Bärenspuren“ (S. 22)*
- ★ Schere
- ★ Filzstift
- ★ Tablett

Los geht's:

Kopieren und schneiden Sie genug Bärentatzen aus, sodass jedes Kind seinen Namen legen kann. Schreiben Sie die einzelnen Buchstaben auf die Tatzen. Legen Sie diese auf einem Tablett auf einen Tisch. Die Kinder suchen sich die Buchstaben ihres Namens heraus und legen ihren Namen in der korrekten Reihenfolge zusammen. Diese können Sie auch nach Wunsch aufkleben. Um das Angebot in der Schwierigkeit zu variieren, können Sie entweder pro Name ein Tablett nehmen oder auch mal die Buchstaben aller Namen auf ein Tablett legen, sodass die Kinder daraus ihre Buchstaben wählen müssen.

Teddymemo

Memokarten können Sie nicht nur für ein Memospiel benutzen, sondern auch für Kimspiele, Zählspiele und mehr. Sie unterstützen nicht nur die bereits erwähnten Kompetenzen, sondern auch Gedächtnis und Raum-Lage-Orientierung.

Sie brauchen:

- ★ Kopiervorlage *„Teddymemo“ (S. 12)*
- ★ Schere

Los geht's:

Schneiden Sie die Karten aus und verteilen Sie die Memokarten verdeckt auf dem Boden oder einem Tisch. Der Reihe nach dürfen die Kinder je zwei Karten aufdecken, um ein Paar zu finden. Achtung: Bei diesem Memo-Spiel sind die Karten nicht genau gleich, sondern die Abbildungen sind gespiegelt! Wenn die Kinder ein Paar finden, dürfen sie die beiden Karten behalten. Das Spiel endet, wenn alle Karten-Paare gefunden wurden.

Teddymemo

© Jesus Cervantes – Shutterstock.com

© Jesus Cervantes – Shutterstock.com

© Valentina Proskurina – Shutterstock.com

© Valentina Proskurina – Shutterstock.com

© NIKCOA – Shutterstock.com

© NIKCOA – Shutterstock.com

© Tanya_mtv – Shutterstock.com

© Tanya_mtv – Shutterstock.com

© RUTiAM – Shutterstock.com

© RUTiAM – Shutterstock.com

© rotsukhon lam – Shutterstock.com

© rotsukhon lam – Shutterstock.com

© Valentina Proskurina – Shutterstock.com

© Valentina Proskurina – Shutterstock.com

© Twin Design – Shutterstock.com

© Twin Design – Shutterstock.com

Wahrnehmung

Der spielerische Umgang mit Zahlen und Buchstaben sollte auf jeden Fall unterstützt werden durch Wahrnehmungsübungen. Diese eignen sich nicht nur, um Unterschiede zu entdecken, sondern auch, um die Augen zu trainieren. Ebenso schulen sie Konzentration und Aufmerksamkeit, was wichtig für die Ausdauer ist.

Wimmelbild Teddybären

Sie brauchen:

- Kopiervorlage *„Wimmelbild Teddybären" (S. 14)*
- Bleistifte
- Radiergummis

Los geht's:

Kopieren Sie die Vorlage für jedes Kind. Wenn möglich, können Sie die Vorlage am Kopierer vergrößern. Die Kinder schauen sich das Bild genau an und zählen, wie oft sie einen bestimmten Bären sehen. Diese Zahl schreiben sie dann in die Kästchen unter den entsprechenden Bären. Wer Zahlen nicht schreiben kann oder möchte, kann die Zahlen auch mit Strichen oder Punkten für jeden Bären festhalten.

Der Bär reist durch den Kreis

Sie brauchen:

- Musik oder eine Handtrommel
- 1 Teddybär

Los geht's:

Zu abwechselnd langsamer und schneller Musik wird ein Bär dem Musiktempo entsprechend im Kreis von Kind zu Kind gereicht. Dabei darf der Bär nicht auf den Boden fallen.

Probieren Sie zuerst mit den Kindern aus, wie gutes schnelles und langsames Weitergeben funktioniert. Mit Beginn der Musik geben Sie den Bären an das Kind zu ihrer rechten/linken Seite. Dabei sollen die Kinder ihr Tempo dem der Musik anpassen. Dies können Sie spielen, bis die Musik vorbei ist. Alternativ benutzen Sie eine Handtrommel, um das Tempo des Weitergebens vorzugeben.

Wimmelbild Teddybären

Mathematik

Mathematische Konzepte machen es den Kindern möglich, die bei ihnen meistens bekannten Zahlennamen mit einer korrespondierenden Menge zu verknüpfen. Dies erlaubt dann auch erste Erfahrungen mit Mengenvergleichen, Wiegen, Messen und Schätzen.

Große und kleine Bären

Sie brauchen:

- die Bären der Kinder
- gleich große Bauklötze oder Klemmbausteine

Los geht's:

Die Kinder messen ihren eigenen Bären mit Klemmbausteinen oder Bauklötzen, um zu bestimmen, welcher Bär der größte, der kleinste, der breiteste, der dünnste usw. ist. Die Bären können auch nach verschiedensten Merkmalen sortiert werden. Die Kinder legen ihre Bären auf den Boden und legen den ersten Klotz auf die gleiche Höhe wie der Fuß des Bären. Danach ergänzen sie so viele Bauklötze, bis die Kante des Klotzes am oberen Ende des Kopfes abschließt. Halten Sie die Anzahl für jeden Bären fest und lassen Sie die Kinder am Ende vergleichen, welcher Teddy die meisten Bauklötze lang war. In dieser Weise verfahren Sie dann, um den kleinsten, breitesten, dünnsten etc. Bären herauszufinden.

© Birgit Reitz-Hofmann – Shutterstock.com

Bärenmengen ordnen

Sie brauchen:

- Kopiervorlage *„Bärenmengen ordnen“*
- Scheren
- Kleber

Los geht's:

Die Kinder schneiden die Bilder der einzelnen Bärenmengen aus und legen sie von kleinster Menge zu größter Menge oder umgekehrt.

Kopiervorlage

Bärenmengen ordnen

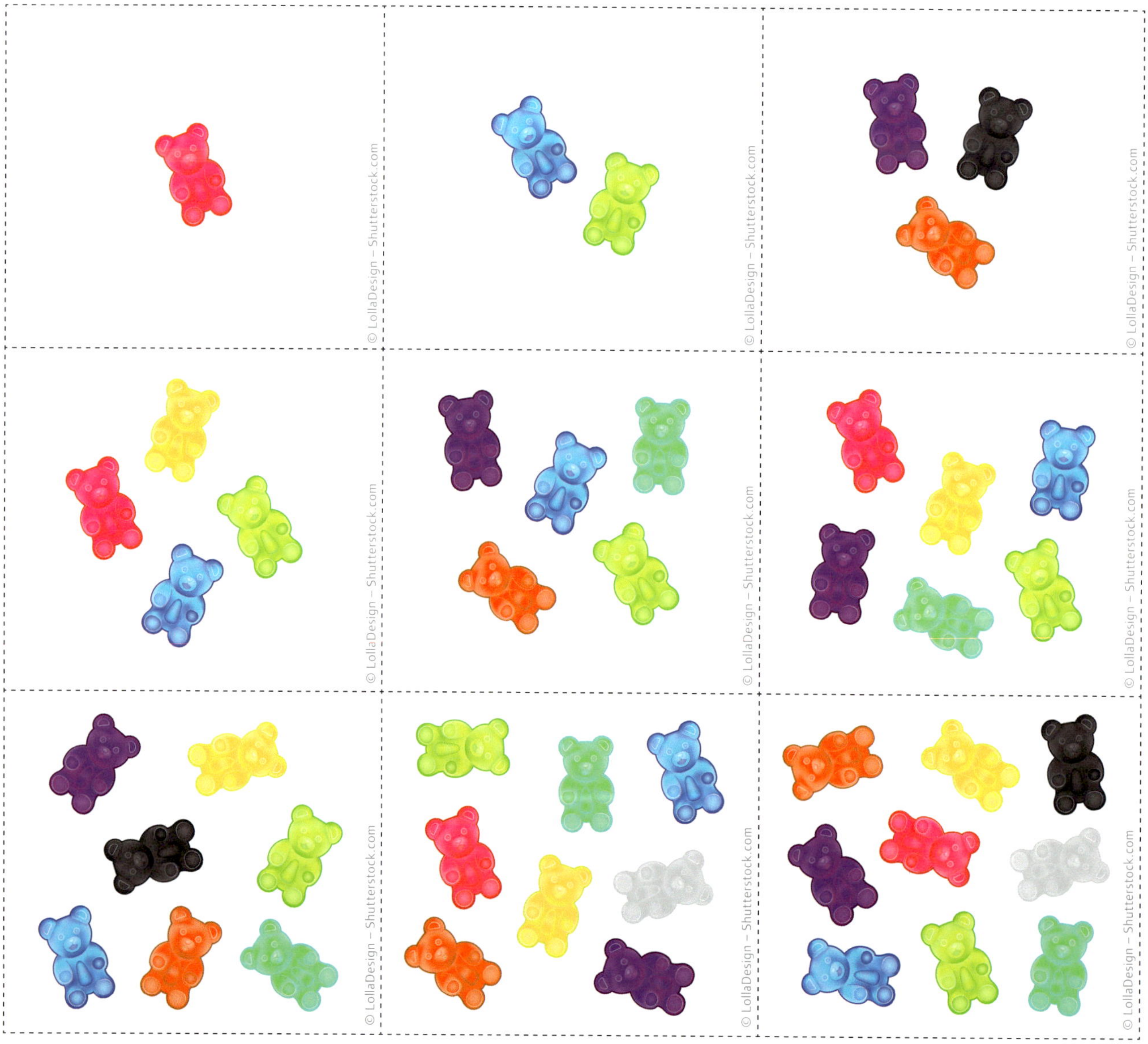

Gummibärchen sortieren

Sie brauchen:

- pro Kind eine kleine Tüte Gummibärchen
- Kopiervorlage *„Gummibärchen sortieren"*
- Buntstifte

Los geht's:

Geben Sie jedem Kind eine Tüte Gummibärchen und eine Vorlage. Die Kinder öffnen die Tüte und legen die Gummibärchen in die Spalte auf dem Arbeitsblatt, das seiner Farbe entspricht. Für jedes Bärchen malen die Kinder ein Kästchen in der entsprechenden Farbenspalte an. Am Ende vergleichen Sie mit den Kindern zusammen, wer die meisten/wenigsten roten, gelben … Gummibärchen hat.

Variante:

Für die Variante müssen Sie vor dem Kopieren entweder die Farben der Bären oder des Würfels leicht anpassen. Entweder Sie oder das Kind schneidet eine Farbwürfel-Vorlage (S. 28) aus und klebt den Würfel zusammen. Dann wirft es den Würfel und markiert die Farbe in der entsprechenden Bärenspalte in der Tabelle. Es wird so lange gewürfelt, bis eine der Farben 6-mal geworfen wurde. Auch hier können Sie mit den Kindern Mengen vergleichen.

Kopiervorlage

Gummibärchen sortieren

6					
5					
4					
3					
2					
1					

Bären-Domino

Sie brauchen:

Kopiervorlage *„Bären-Domino“*

Los geht's:

Verteilen Sie alle Domino-Karten an die Teilnehmer*innen des Spieles. Die Karte, mit der begonnen wird, legen Sie in die Mitte. Ein Kind beginnt und legt die Seite der Dominokarte an, die die der Zahl entsprechende Bärenmenge zeigt. Das nächste Kind legt wieder die passende Anzahl von Bären an. Danach dürfen die Kinder ihre Karten auch an schon gelegte Domino-Karten anlegen und somit neue Reihen in alle Richtungen zu beginnen.

Kopiervorlage

Bären-Domino

Anfang					
6	1	3	9	2	8
7	4	6	4	5	Ende

Bär-Zahlenreihe

Sie brauchen:

- Kopiervorlage *„Bär-Zahlenreihe“ (S. 20)*
- Schere

So geht's:

Kopieren Sie die Vorlage möglichst vergrößert für jedes Kind und stabilisieren Sie sie (z. B. mit Karton). Das Kind schaut sich die Zahlenreihe an und bestimmt, welche Zahl in den Lücken fehlt. Dann legt es die passenden Zahlenkarte auf das leere Feld in der Reihe. Alternativ können Sie die Zahlen auch an eine Wäscheklammer kleben und das Kind befestigt diese in der entsprechenden Lücke.

Klammerkarten

Sie brauchen:

- Kopiervorlage *„Klammerkarten“*
- eine Wäscheklammer für jede Karte

So geht's:

Das Kind zählt die Bären links auf der Karte, entscheidet, welche Zahl korrekt ist, und steckt dann die Wäscheklammer an diese Zahl.

Kopiervorlage

Klammerkarten

	3		3		8
	4		5		7
	2		4		5
	4		8		7
	5		6		9
	6		5		10

Bär-Zahlenreihe

1	2		4	5	6		8
	2	3	4		6	7	
1		3		5	6	7	8
	2	3	4			7	8
1	2		4	5		7	8
1		3			6	7	

3	7	1	5	8	2	4	1
5	6	3	6	2	4	5	8

Motorik

Der Begriff Motorik schließt sowohl die Grob- als auch Feinmotorik ein. Beide sollten bei jeder Gelegenheit gefördert werden, da sie für einen positiven Schulanfang wichtig sind.

Dem Bären auf der Spur

Sie brauchen:

- Kopiervorlage *„Bärenspuren" (S. 22)*
- Klebeband

Los geht's:

Kopieren Sie die Bärenspuren in der gewünschten Anzahl und schneiden Sie diese aus. Mit den einzelnen Spuren legen Sie draußen oder drinnen einen Pfad, dem die Kinder folgen und nachgehen – Fuß an Fuß, breitbeinig, rückwärts etc. Der Fantasie sind keine Grenzen gesetzt.

Varianten:

- Schreiben Sie Zahlen auf die Bärenspuren und kreieren Sie so einen Zahlenpfad, den die Kinder der Reihenfolge nach ablaufen.
- Lassen Sie die Kinder verschiedene Pfade legen und dann ausprobieren.

„Teddybär, Teddybär, dreh dich um"

Sie brauchen:

- Musik zu „Teddybär, Teddybär, dreh dich um" (bei YouTube zu finden)
- Teddybären der Kinder

Los geht's:

Bei diesem Tanz tanzt das Kind mit seinem Teddybären. Mit dem Beginn des Liedes tanzen die Kinder und folgen dabei den im Lied angegebenen Anweisungen für bestimmte Bewegungen.

Variante:

Machen Sie einen Stopptanz. Wenn Sie die Musik ausstellen, dürfen sich die Kinder nicht mehr bewegen.

© Galina Mikhalishina – Shutterstock.com

Bärenspuren

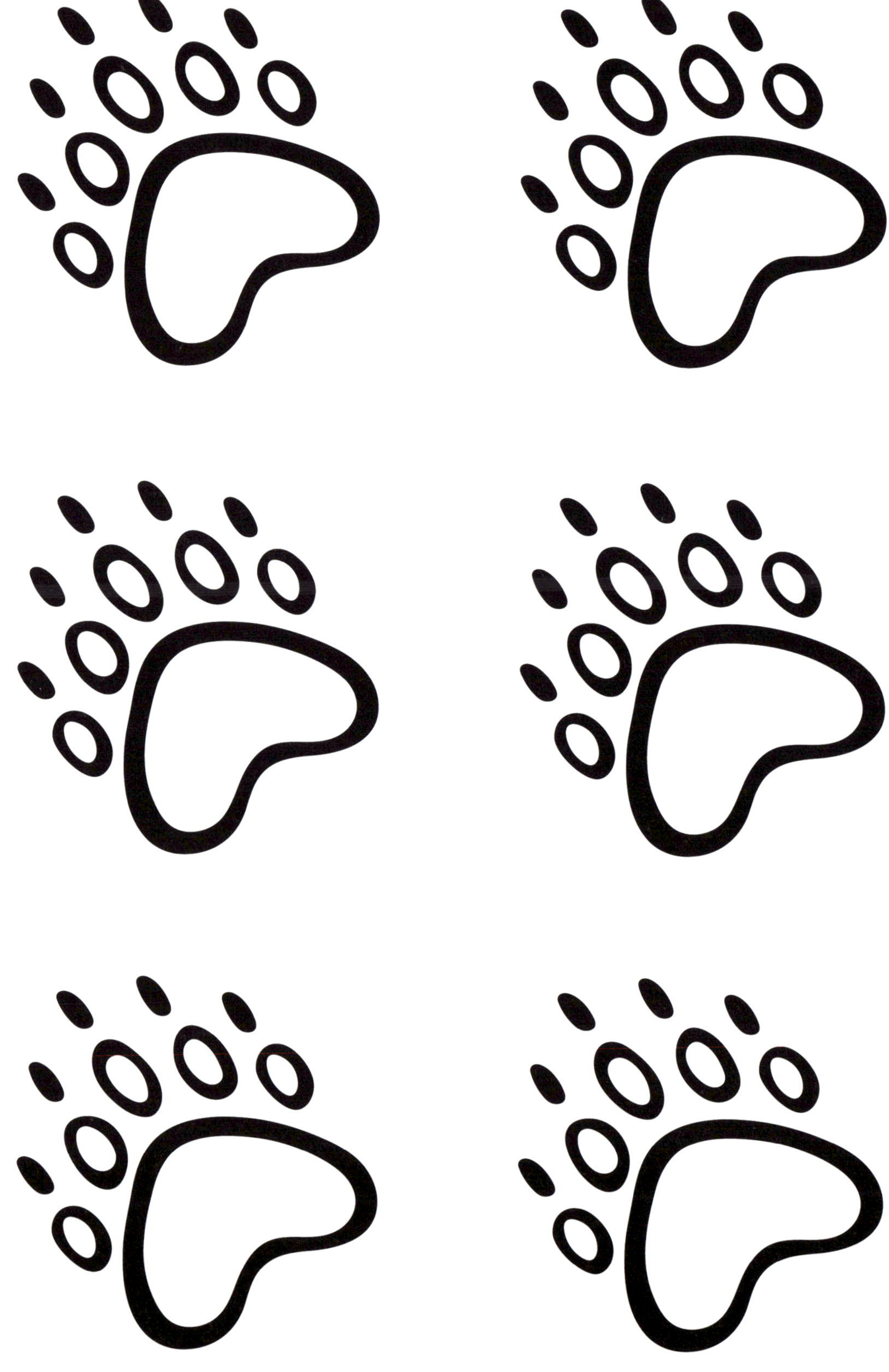

Fädelbären

Eine gute Feinmotorik ist die Grundlage für schulisches Lernen – eine sichere Handschrift und Sicherheit im Umgang mit kleinen Gegenständen brauchen wir für alle Schulfächer.

Sie brauchen:

- ★ Kopiervorlage *„Fädelbären“ (S. 24)*
- ★ Schere
- ★ ca. 1 m lange Wollfäden
- ★ Locher oder Lochzange

Los geht's:

Kopieren Sie die Fädelbären auf dickes Papier und schneiden Sie diese aus. Mit dem Locher oder einer Lochzange stanzen Sie nun an den Punkten durch das Papier. Das Kind bekommt die gelochte Vorlage und einen Wollfaden. Es beginnt, diesen abwechselnd von oben und von unten durch die Löcher zu ziehen, bis der Fädelbär komplett umfädelt ist.

Variante:

Kopieren Sie den Bären verkleinert auf Pergamentpapier und lassen Sie die Kinder diesen ausprickeln. Wenn Sie diesen auf ein ausgedientes Glas kleben, entsteht daraus ein Windlicht.

Buchstaben mal ganz anders

Diese Alphabet-Aktivität für B wie Bär und T wie Teddybär bietet reichhaltige individuelle sensorische Erfahrungen für die Kinder.

Sie brauchen:

- ★ Buchstaben B und T als Bild
- ★ Knete
- ★ Pfeifenreiniger
- ★ kleine Bärchen
- ★ kleine Steine
- ★ Papierschnipsel
- ★ Klemmbausteine
- ★ Wolle
- ★ etc.

Los geht's:

Die Form eines Buchstaben kann mit den verschiedensten Materialien entstehen. Lassen Sie die Kinder ausprobieren und bieten Sie möglichst vielfältige Materialien an, damit die Kinder viele sensorische Erfahrungen machen können. Die Kinder sollen versuchen, die Buchstaben B und T aus den angebotenen Materialien nachzulegen. Es ist hilfreich, wenn Sie die Buchstaben als Bild dazulegen, damit die Kinder sich daran orientieren können.

Fädelbären

Naturwissenschaften/Experimente

In der Vorschulzeit erkunden die Kinder sich und die Welt um sie herum. Sie lernen, sich in Raum und Zeit zu orientieren, verfolgen Lebenszyklen von Tieren und Pflanzen und sie wollen verstehen, warum etwas wie passiert. Diese ersten Überlegungen erproben wir durch das Entwickeln von Ideen und Hypothesen und den Versuch, diese zu belegen oder als falsch zu erkennen. Dies geschieht durch gezielte Beobachtung über einen Zeitraum und die Dokumentation des Erfahrenen.

Verschiedene Bären

Das Kennenlernen verschiedener Tierarten lässt die Kinder Lebensräume und Adaptation vergleichen und besprechen.

Sie brauchen:
Kopiervorlage *„Verschiedene Bären“ (S. 26)*

Los geht's:
In einem Gespräch über verschiedene Bärenarten sammeln Sie gemeinsam die Namen der Tiere, die die Kinder schon kennen. Diese können Sie schriftlich festhalten oder die Kinder malen Bilder dazu. Mithilfe der Kopiervorlage können Sie den Kindern die abgebildeten Bären zeigen und über sie berichten (Aussehen, Unterschiede, Lebensraum etc.). Das Gummibärchen hat sich unter die Tiere geschmuggelt und ist natürlich kein echtes Tier. Das werden die Kinder schnell merken.

© knelson20 – Shutterstock.com

Verschiedene Bären

Was passiert mit den Gummibärchen?

Sie brauchen:

- 1 Tüte Gummibärchen
- 6 Gläser
- Milch
- Essig
- Salzwasser
- Zuckerwasser
- Leitungswasser
- Pflanzenöl
- Kopiervorlage *„Gummibärchen-Experiment“*

Los geht's:

Kopieren Sie die Vorlage für jedes Kind und einmal für Sie. Füllen Sie die Flüssigkeiten jeweils bis zur Hälfte in jeweils ein Glas. Beschreiben Sie dabei, welche Flüssigkeiten Sie verwenden und was Sie damit vorhaben. Die Kinder legen jeweils ein Gummibärchen in jede Flüssigkeit. Überlegen Sie mit den Kindern, ob unterschiedliche Flüssigkeiten auf die Gummibärchen einen Einfluss haben und wenn ja, welchen. Danach erklären Sie den Kindern die Vorlage und lesen vor, welche Begriffe darauf zu finden sind. Jedes Kind kann in seine Vorlage eintragen bzw. malen, was es denkt, das mit dem Gummibärchen passiert (wird größer, kleiner, verändert die Farbe etc.). Ihre Vorlage bleibt leer. Sie wird später ausgefüllt.

Nach einer Stunde schauen sich alle gemeinsam die Gummibärchen in den Flüssigkeiten an und beschreiben die Veränderungen. Diese tragen Sie in Ihre Vorlage ein, sodass die Kinder ihre Hypothesen mit den echten Ergebnissen vergleichen können.

Kopiervorlage

Gummibärchen-Experiment

Leitungswasser

vorher nachher

Salzwasser

vorher nachher

Zuckerwasser

vorher nachher

Milch

vorher nachher

Essig

vorher nachher

Öl

vorher nachher

Honig-Knetmasse herstellen

Sie brauchen:

- ★ 1 Rührschüssel
- ★ 1 Kochlöffel
- ★ 1 Messbecher
- ★ Wachspapier
- ★ 3–5 EL Pflanzenöl
- ★ Maisstärke
- ★ 1 halbe Tasse Honig
- ★ Mikrowelle

Los geht's:

Visualisieren Sie das Rezept ggf. auf einem Zettel oder Poster, damit die Kinder auch selbstständig damit arbeiten können. Füllen Sie eine halbe Tasse Honig in die Rührschüssel. Anschließend geben Sie die Maisstärke zum Honig und vermischen die beiden, so gut es geht. Wenn es geht, stellen Sie die Schüssel für 20 Sekunden in eine Mikrowelle, um die Masse weich zu machen. Achten Sie darauf, dass die Masse nicht heiß in die Hände der Kinder gelangt. Geben Sie dann drei bis fünf Esslöffel Pflanzenöl dazu. Sobald ein manipulierbarer Teig entstanden ist, legen Sie diesen auf das Wachspapier und kneten. Bewahren Sie die Masse in einem luftdichten Behälter auf – sollte sie trotzdem wieder etwas hart werden, geben Sie noch einen Esslöffel Öl dazu und kneten sie wieder geschmeidig.

Kopiervorlage

Farbwürfel

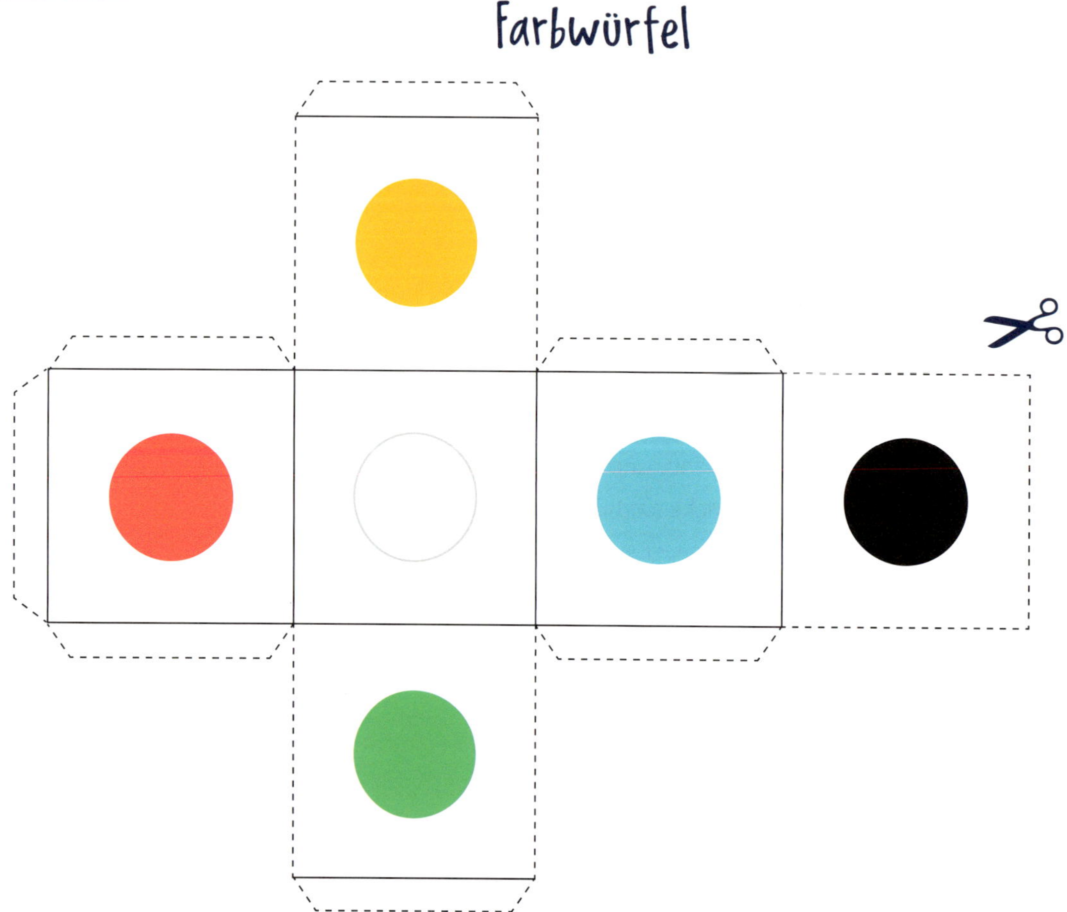

Bauen

Alle Kinder, Mädchen wie Jungen, lieben es, zu bauen – ob sie dazu Bauklötze, Klemmbausteine, Magnettafeln oder Papierrollen und Eisstäbchen benutzen. Bauen ist eine der wertvollsten kreativen und problemlösenden Aktivitäten für Kinder.
Hier kommen Ideen und Beispiele, wie Sie die Kinder in den einzelnen Lernbereichen fördern können. Ihrer eigenen Fantasie, diese auszubauen oder anzupassen, sind dabei keine Grenzen gesetzt.

Sozial-Emotionales Lernen

Alle Kinder sind Expert*innen

Expert*innen, die Gebäude, Häuser und Strukturen entwerfen und bauen, werden Architekt*innen genannt. Es gibt viele andere Arten von Expert*innen, die alle etwas besonders gut können. Selbst Kinder haben unterschiedliche Talente und Neigungen und sind Expert*innen für diese Bereiche. Dies ist den anderen Kindern oft nicht bewusst.

Sie brauchen:

- Fotos der Kinder
- Zettel
- Stift

Los geht's:
Damit die Kinder sich besser kennenlernen können, besprechen Sie in einem Gesprächskreis das Thema „Expert*innen". Jedes Kind hat andere Interessen und Stärken und kann bestimmte Dinge besonders gut. Jedes Kind darf beschreiben, was es gut kann, und wird offiziell Experte oder Expertin auf diesem Gebiet. Manche sind Expert*innen für Fußball, Klettern, Malen, etc. Manche denken, sie seien Expert*innen für Tiere, Dinos, Autos etc.

Wir sind Experten

Frage mich, wenn du mehr wissen willst, über:

MALEN → *Paul*
FAHRRAD FAHREN → *Emma*
BAUEN → *Leo*
AUFRÄUMEN → *Anna*
SINGEN → *Lukas*

Alle diese Antworten werden akzeptiert und auf einer Liste festgehalten, die Sie anschließend mit Namen und Expertengebiet sichtbar mit Foto in der Gruppe aufhängen. Finden Sie Gelegenheiten, Fragen anderer Kinder über z. B. Fußball oder Tiere an Ihre „Expert*innen" abzugeben, sodass diese Gelegenheit bekommen, hilfreich zu sein und Fragen zu beantworten.

Wir bauen Gefühle

Sie brauchen:

- ★ Bauklötze oder Klemmbausteine
- ★ Kopiervorlage *„Gefühle bauen"*
- ★ Schere
- ★ Klebeband

Los geht's:

Kopieren Sie die Vorlage 2-mal. Schneiden Sie jeweils die Münder und Augen von einer Vorlage separat aus und legen Sie sie sortiert zusammen. Dann kleben Sie die Bilder auf einzelne Bauklötze.
Mithilfe der anderen Vorlage besprechen Sie mit den Kindern die verschiedenen Gefühle und welche Gesichtsausdrücke sie ausmachen. Woran erkennt man z. B., dass jemand traurig oder wütend ist? Die Kinder nehmen sich je einen Mund und ein Paar Augen und legen die Steine übereinander, um zu sehen, ob sie die einzelnen Elemente des Gesichts passend zum Gefühl gebaut haben. Legen Sie die zweite Kopie daneben, damit die Kinder es kontrollieren können.

Variante:

Malen Sie einen ca. 15 cm großen Kreis auf ein festes Papier. Auf ca. 10 x 3 cm lange Streifen kleben oder malen Sie die Augen und Münder. Die Kinder legen diese Streifen auf das Gesicht.

Kopiervorlage

Gefühle bauen

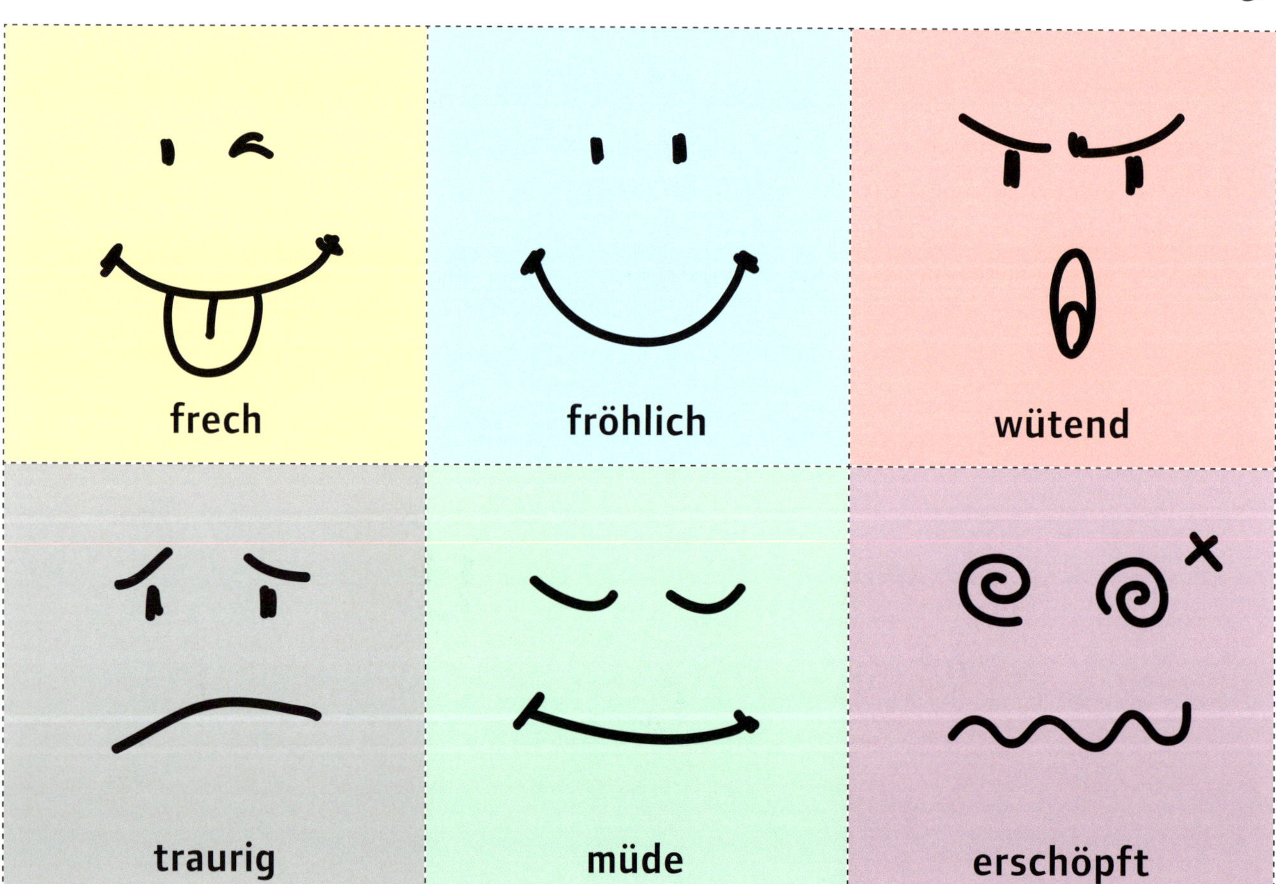

Literacy

Stecknamen

Die Kinder erkennen und wählen die einzelnen Buchstaben ihres Namens und üben die Reihenfolge des Namens als Vorübung für das Schreiben von Wörtern.

Sie brauchen:

- ★ einzelne Klemmbausteine in Anzahl der Buchstaben der Namen der Kinder
- ★ kleine weiße (gut ablösbare) Aufkleber
- ★ 1 Filzstift
- ★ 1 Korb

Los geht's:

Schreiben Sie auf die Aufkleber die jeweiligen Buchstaben der Namen und kleben Sie diese auf jeweils einen Stein. Legen Sie alle Stecksteine in den Korb und erklären Sie den Kindern, dass in diesem Korb Steine mit den Buchstaben ihres Namens liegen. Der Korb steht auf einem Tisch und die Kinder gehen selbst motiviert zu der Aufgabe. Die Kinder suchen ihre Buchstaben aus dem Korb heraus und stecken diese in der korrekten Reihenfolge von oben nach unten zu ihrem Namen zusammen.

Varianten:

- ★ Lassen Sie die Kinder ihren Namen horizontal in die korrekte Reihenfolge legen.
- ★ Schmuggeln Sie Buchstaben in den Korb, die zu viel sind und in keinen Namen der Kinder gehören. Mal sehen, ob den Kindern das auffällt.
- ★ Um es einfacher zu machen, können Sie den Kindern auch nur die Buchstaben ihres jeweiligen eigenen Namens zur Verfügung stellen.

Zufallswörter

Sie brauchen:

- Bauklötze
- Papier oder weiße (gut ablösbare) Aufkleber
- Marker

Los geht's:

Präparieren Sie die Bauklötze so, dass Sie jeden Bauklotz mit einem Buchstaben bekleben. Legen Sie die Bauklötze einladend aus und motivieren Sie die Kinder, zu bauen. Bleiben Sie dabei und legen Sie „zufällig" den Namen eines Kindes, ein kurzes Wort etc. Weisen Sie die Kinder ganz erstaunt darauf hin und fragen Sie, ob die Kinder wohl auch so etwas können. Wichtig dabei ist, dass alle Bauwerke zählen und wertgeschätzt werden, wie sie sind. Lesen Sie die „Wörter" laut vor, auch wenn es eine Reihe von Konsonanten ist. Quatschwörter machen besonders viel Spaß. Die Kinder entdecken so die Zusammensetzung von Wörtern.

Wahrnehmung

Häuserhälften vervollständigen

Sie brauchen:

- Kopiervorlage *„Häuserhälften" (S. 33)*
- Bleistifte oder Buntstifte

Los geht's:

Geben Sie den Kindern jeweils eine Kopiervorlage und fordern Sie sie auf, die fehlenden Hälften der Häuser zu vervollständigen und auszumalen. Besprechen Sie mit den Kindern die Ergebnisse und fragen Sie nach, wie sie ihre Häuser gestaltet haben und warum sie das gerade so gemacht haben.

Wenn Sie es einfacher gestalten wollen, geben Sie den Kindern jeweils nur eine Hälfte der Kopiervorlage. Dann sind es nicht so viele Häuser und die Kinder werden evtl. nicht verwirrt, weil beide Haushälften zu sehen sind.

Varianten:

- Schneiden Sie die Haushälften einzeln aus und legen Sie sie auf dem Tisch aus. Die Kinder sollen nun die passenden Hälften zusammenlegen.
- Spielen Sie dieses Spiel als Memo-Spiel.

Häuserhälften

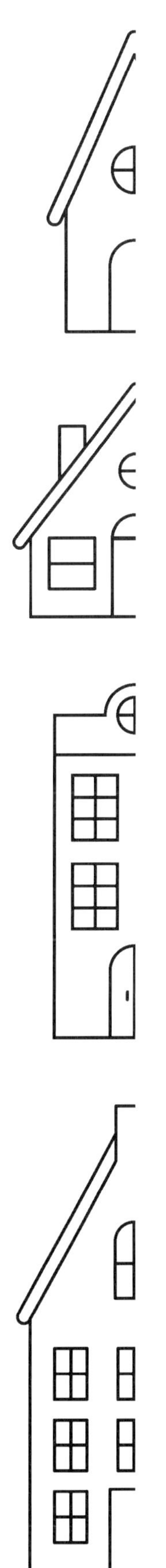

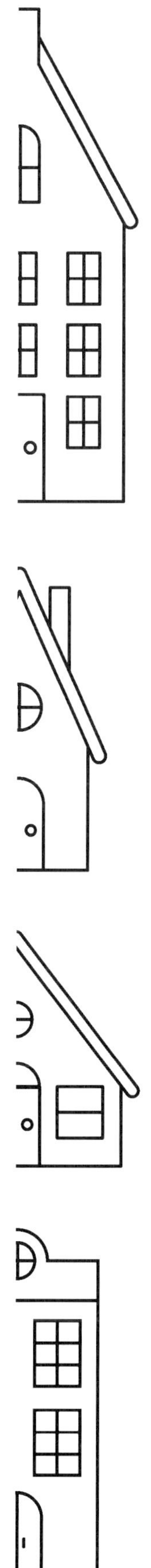

Würfelreihen nachlegen

Sie brauchen:

- Kopiervorlage *„Würfelreihen“*
- mind. 10 Würfel

Los geht's:

Geben Sie jedem Kind eine kopierte Vorlage. Diese Aufgabe kann individuell oder als Partnerarbeit durchgeführt werden. Die Kinder legen neben jeder Reihe die Würfel so an, dass dieselbe Reihe noch mal entsteht.

Varianten:

- Lassen Sie die Kinder neue Würfelreihen kreieren, die ein anderes Kind dann nachlegen muss.
- Ein Kind sagt eine Zahl und das nächste legt den Würfel hin. So entsteht eine Reihe nach mündlicher Angabe.

Kopiervorlage

Würfelreihen

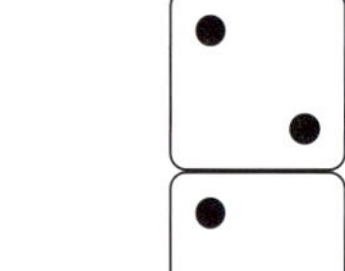

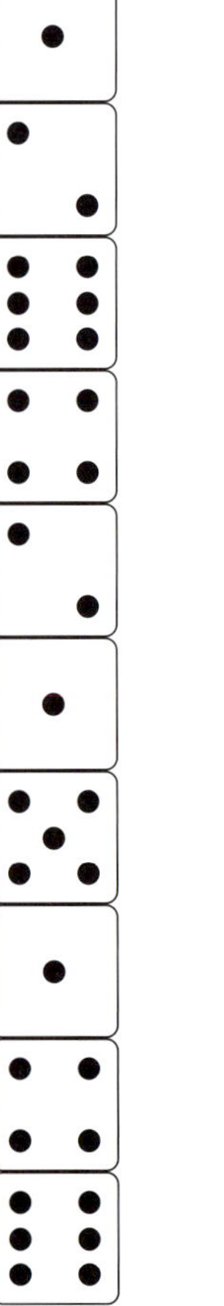

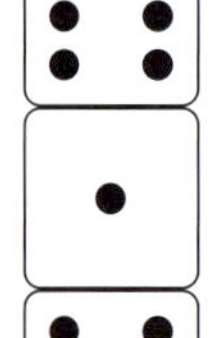

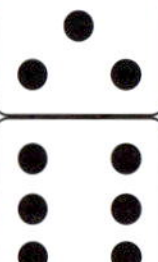

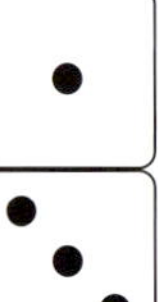

Figuren nachbauen

Sie brauchen:

- Bauklötze in den gleichen Formen wie auf der Kopiervorlage
- Kopiervorlage *„Figuren nachbauen"*

Los geht's:

Die Kinder legen die Vorlagen vor sich und konstruieren das Bild nach. Danach können sie gegenseitig kontrollieren, ob alle Kinder es richtig nachgebaut haben.

Varianten:

- Die Karten stehen vor den Kindern und sie bauen die Vorlage nach.
- Die Kinder bauen eigene Bauten und die anderen Kinder bauen sie nach.
- Falls Sie nicht genau diese Bauklotz-Formen haben, können Sie selbst Figuren-Fotokarten mit Ihren Bauklötzen gestalten.

Kopiervorlage

Figuren nachbauen

Zahlen bauen

Sie brauchen:

- bunte Klemmbausteine
- Stift
- evtl. Poster oder Tafel

Los geht's:

Sprechen Sie mit den Kindern über die Zahlen von eins bis neun. Wie sehen sie aus? Was sind die Besonderheiten, die jede Zahl ausmachen? Schreiben Sie sie gemeinsam auf, z. B. auf eine Tafel oder ein Poster und legen Sie sie so aus, dass alle Kinder sie gut sehen können.

Die Kinder versuchen nun, die Zahlen mit Klemmbausteinen nachzubauen. Wenn die Kinder Schwierigkeiten dabei haben, machen Sie mit und helfen Sie den Kindern beim Bauen. Am Ende können sie die einzelnen Zahlen in die korrekte Zahlenreihe legen und benennen.

Varianten:

- Um es einfacher zu gestalten, können Sie alle Zahlen von eins bis neun im Vorfeld einmal bauen und den Kindern zeigen. Die Kinder bauen die Zahlen dann nach Ihrem Vorbild nach.
- Lassen Sie die Kinder in Partnerarbeit alle Zahlen je einmal zusammenbauen und dann in die richtige Reihenfolge legen.
- In Partnerarbeit können die Kinder gemeinsam die Zahlen nachbauen. Hier gibt es verschiedenste Möglichkeiten, z. B. sagt ein Kind, welcher Baustein dran ist, und das andere Kind baut nach diesen Anweisungen. Danach werden die Rollen getauscht.

Mathematik

Das Thema „Bauen" gibt vielfältige Gelegenheiten, mathematische Konzepte zu vertiefen und zu üben. Auch hier haben wir Gelegenheit, die Idee des Messens nach bestimmten Maßeinheiten mit Zahlen und Mengen zu verbinden.

Geobrettbild

Sie brauchen:

- Geobretter (alternativ kleine Korkplatten, Nägel mit dicken Köpfen)
- Gummibänder
- Spannvorlagen
- Kopiervorlage *„Geobrettbild" (S. 38)*

Los geht's:

Sollten Sie keine Geobretter zur Verfügung haben, können Sie diese selbst mit Korkplatten und Nägeln mit dicken Köpfen herstellen. Diese schlagen Sie in regelmäßigen Abständen in die Korkplatten (s. Kopiervorlage), sodass sie sicher stecken, aber noch lang genug herausstehen, dass die Kinder die Gummibänder darüberziehen können. Nach der Wahl einer Vorlage spannen die Kinder die darauf vorgegebenen Figuren auf dem Geobrett nach. Hierbei sollen sie sowohl das Muster als auch die Farben beachten.

Wer würfelt den höchsten Turm?

Sie brauchen:

- Klemmbausteine in einer Größe
- 1 Würfel
- Kopiervorlage *„Wer würfelt den höchsten Turm?" (S. 39)*

Los geht's:

Vergrößern und kopieren Sie die Vorlage auf das Doppelte. Sie dient als Spielbrett. Zwei Kinder spielen dieses Spiel zusammen und stellen jedes für sich einen Klemmbaustein auf das Startfeld. Sie würfeln abwechselnd und bewegen ihren Stein auf die jeweiligen Felder. Wenn ein Kind auf ein Feld mit dem Symbol „+" kommt, darf es so viele Steine auf seinen stecken, wie die Zahl angibt. Landet es auf einem Kreis mit dem Symbol „-", muss das Kind diese Anzahl an Klemmbausteinen zurückgeben.

Varianten:

- Jedes Kind darf 10-mal würfeln. Dabei steckt es, der gewürfelten Zahl entsprechend, Klemmbausteine aufeinander, sodass ein Turm entsteht. Danach vergleichen die Kinder, wer die meisten oder wenigsten Klemmbausteine im gebauten Turm hat.
- Nehmen Sie einen Farbwürfel dazu, sodass die Kinder mit zwei Würfeln spielen. Die Würfel zeigen an, in welcher Farbe das Kind wie viele Klemmbausteine auf seinen eigenen stecken darf. Wenn jedes Kind einmal dran war oder nach einer bestimmten Rundenanzahl vergleichen die Kinder ihre Türme.

Geobrettbild

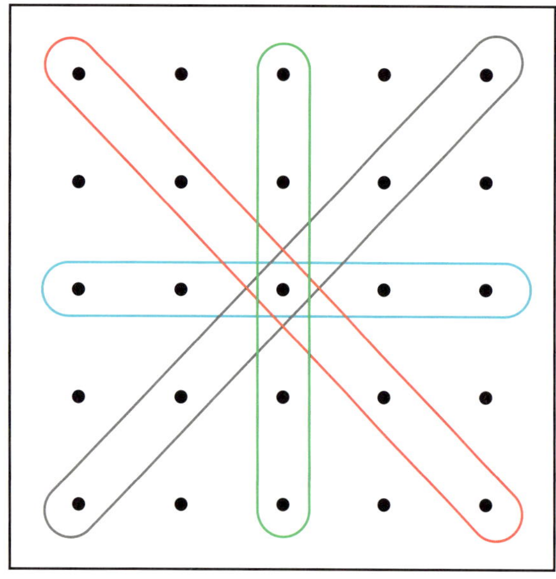

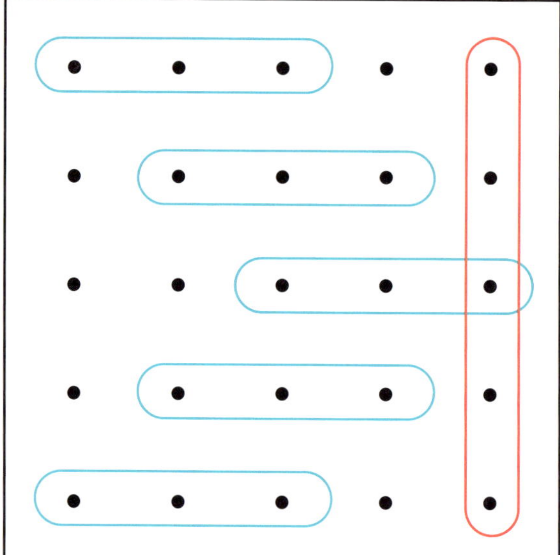

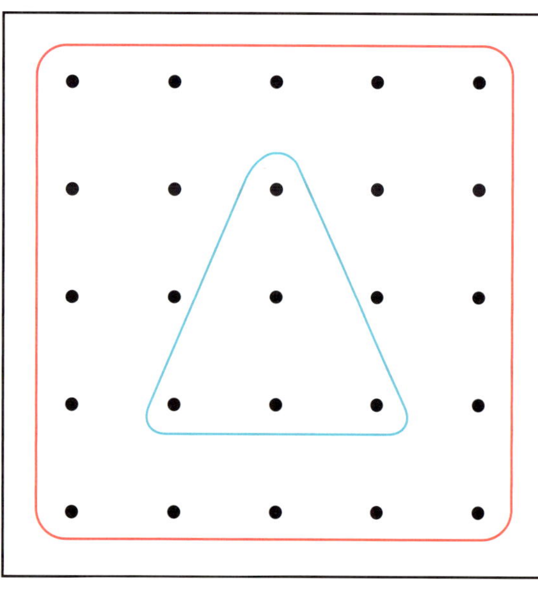

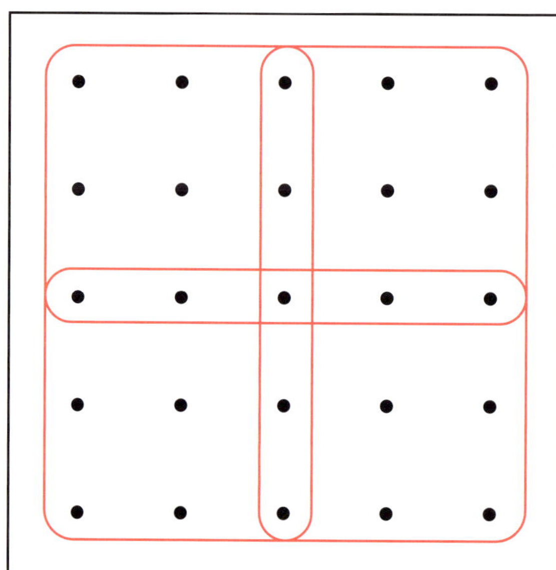

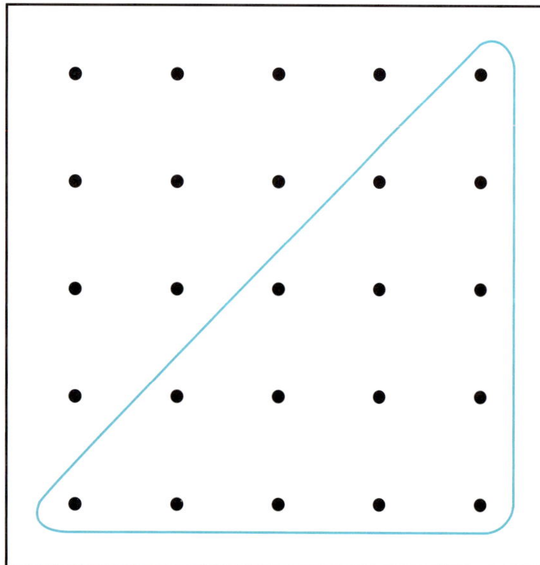

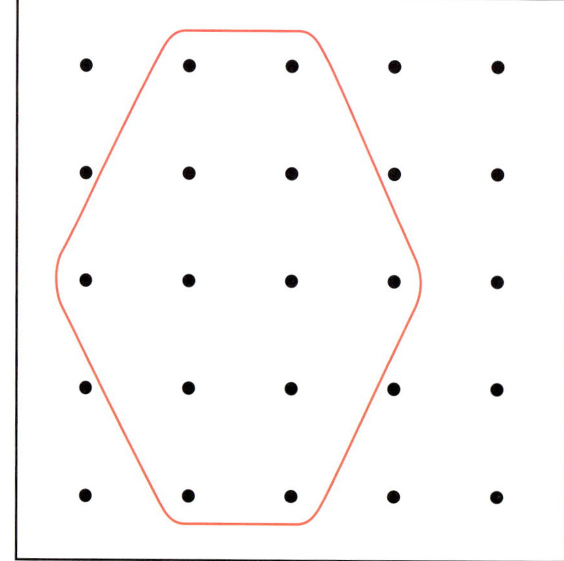

Wer würfelt den höchsten Turm?

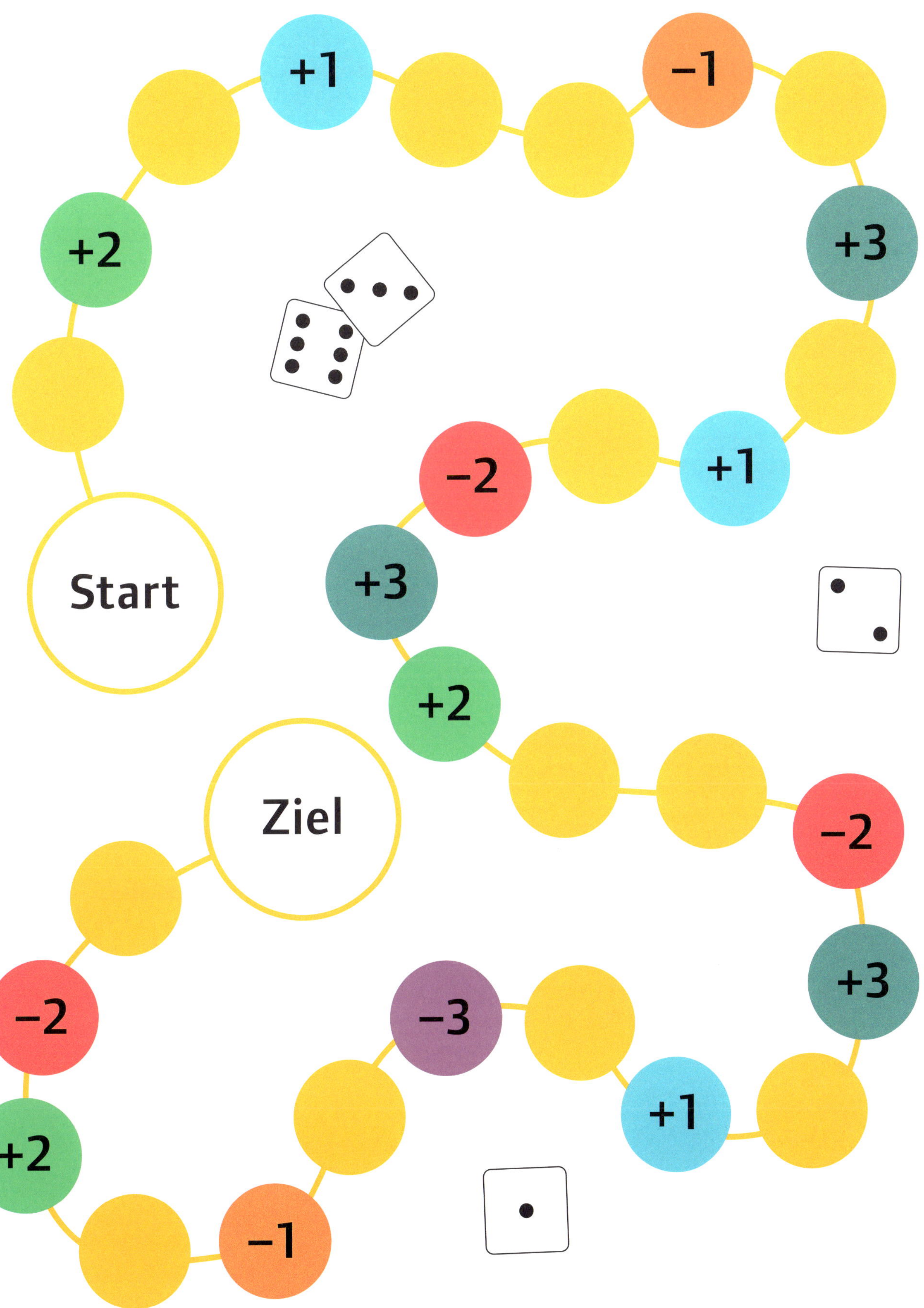

Häuser messen

Sie brauchen:

- Kopiervorlage *„Häuser messen"*
- gleich große Klemmbausteine

Los geht's:

Jedes Kind bekommt eine kopierte Vorlage und gleich große Klemmbausteine dazu. Wenn es Ihnen möglich ist, vergrößern Sie die Vorlage am Kopierer, z. B. auf das Doppelte. Auf einer flachen Unterlage werden die Häuser nun in Klemmbausteinen gemessen. Dazu legen die Kinder Klemmbausteine aneinander, indem sie am unteren Strich neben dem Haus beginnen und am oberen Strich bzw. der Dachspitze enden. Danach zählen sie, wie viele Klemmbausteine jedes Haus hoch ist. Diese Zahl schreiben sie in das Feld darunter. Wenn die Kinder noch keine Zahlen schreiben können, können sie Punkte oder Striche für die Anzahl der Klemmbausteine malen.

Kopiervorlage

Häuser messen

Anzahl: ....

Anzahl: ....

Anzahl: ....

Anzahl: ....

Anzahl: ....

Anzahl: ....

Wie viele Watteböllchen passen in das Haus?

Bereits in diesem Alter können Kinder Mengen schätzen. Dabei erklären Sie den Kindern, dass Schätzen eine Art Raten ist, das vorher gut überlegt wurde. Strategien, die Sie den Kindern anbieten, sind u. a. Fragen, wie „Ist es mehr als eins?" oder „Sind es weniger als fünf?". Beginnen Sie mit kleinen und erweitern Sie die Aufgaben dann mit größeren Zahlen.

Sie brauchen:

- 1 Tüte Wattebällchen
- Kopiervorlage *„Wie viele Wattebällchen passen in das Haus?"*

Los geht's:

Setzen Sie sich mit einem Kind zusammen und besprechen Sie, wie Sie zunächst schätzen können, wie viele Wattebällchen es braucht, um das Haus ganz abzudecken. Unterstützt durch Fragen (s. o.), gibt das Kind eine Zahl an, die es auf seiner Vorlage einträgt, entweder als Zahl oder in Form von Punkten/Strichen. Danach probieren Sie gemeinsam aus, mit wie vielen Wattebällchen man das Haus wirklich abdecken kann. War die Schätzung richtig oder zumindest nah dran? Besprechen Sie das Ergebnis mit dem Kind.

Varianten:

- Geben Sie den Kindern verschiedene Materialien zum Schätzen und Abdecken.
- Vergleichen Sie zwei Häuser und schätzen Sie mit dem Kind, wie viele mehr oder weniger das jeweils andere Haus braucht, um abgedeckt zu werden. Zum Vergleichen können Sie auch die Kopiervorlage von S. 40 nutzen.
- Suchen Sie gemeinsam mit den Kindern verschiedene Bilder von Häusern (z. B. in Katalogen, Zeitschriften etc.), die Sie gemeinsam schätzen und abdecken können.

Kopiervorlage

Wie viele Wattebällchen passen in das Haus?

Motorik

Tropfen

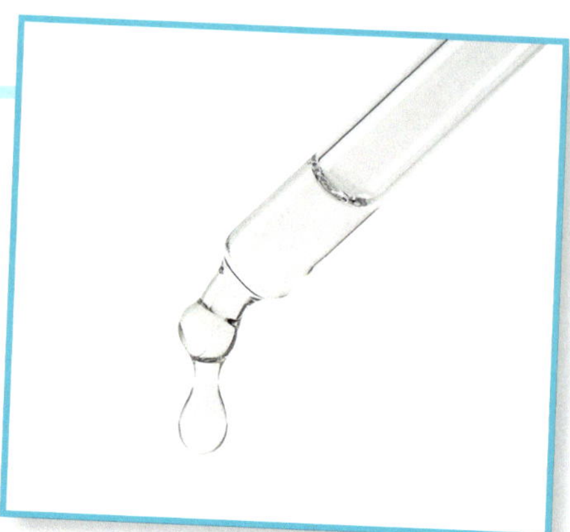

© romeor – stock.adobe.com

Sie brauchen:

- ★ kleine Pipetten
- ★ 1 Becher Wasser
- ★ Klemmbausteine in verschiedenen Größen

Los geht's:

Die Kinder nehmen sich je einen Klemmbaustein und eine Pipette. Sie drehen den Stein um, sodass die Unterseite nach oben zeigt. Mit der Pipette füllen sie Wassertropfen in den Stein, bis er voll ist. Wie viele Tropfen passen hinein? Die Kinder können zudem verschieden große Stecksteine mit Wassertropfen befüllen und dann die Anzahl der Tropfen vergleichen, die in die verschiedenen Größen hineinpassen.

Knopftürme

© Nik_Merkulov – stock.adobe.com

Sie brauchen:

- ★ flache Knöpfe
- ★ Kinderpinzetten
- ★ Tablett

Los geht's:

Legen Sie die Knöpfe gemischt auf ein Tablett und stellen Sie dieses auf einen Tisch. Die Kinder nehmen eine Pinzette und stapeln die Knöpfe aufeinander zu einem Turm, bis dieser umfällt. Dann können die Kinder die Knöpfe zählen. Wie viele Knöpfe waren in dem Turm?

Varianten:

- ★ Mit einem einfachen Würfel bestimmt das Kind die Anzahl der Knöpfe, die es auflegt.
- ★ Stecken Sie Spieße senkrecht in Blumensteckschwämme und lassen Sie die Kinder die Knöpfe auf diese Spieße stecken.
- ★ Kleben Sie mit Malerband Linien auf einem Tisch vor. Diese können gerade, aber auch im Zickzack, mit Rundungen und Ecken verlaufen. Die Kinder legen die Knöpfe mit den Pinzetten auf den Linien ab.

Bauen

Dreidimensional bauen

© A3pfamily – Shutterstock.com

Sie brauchen:

- ★ Knete
- ★ Zahnstocher
- ★ ggf. Bilder dreidimensionaler Formen

Los geht's:

Geben Sie jedem Kind so viel Knetmasse, dass es daraus eine größere Anzahl von kleinen Kugeln rollen und formen kann. Mit den dazugelegten Zahnstochern verbinden die Kinder nun diese Kugeln und stecken eigene Formen zusammen. Sie können im Vorfeld selbst solche Figuren erstellen und diese fotografieren. Die Fotos legen Sie dann auf den Tisch, um den Kindern eine Inspiration zu bieten. Die Kinder können die Figuren nachbauen oder sich eigene ausdenken.

Naturwissenschaften/Experimente

Tonpapier-Brücke

© yoki5270 – stock.adobe.com

Sie brauchen:

- ★ pro Kind zwei Bögen DIN-A4-Tonpapier
- ★ pro Kind 10 Münzen

Los geht's:

Die Kinder bekommen je zwei Bögen Tonpapier und zehn Münzen. Mit dem Papier falten und bauen sie eine möglichst stabile Brücke. Hier gibt es keine Vorgaben. Die Kinder können alle Möglichkeiten ausprobieren und erfahren, wie stabil unterschiedliche Papierkonstruktionen sein können. Anschließend legen sie so viele Münzen einzeln auf die Brücke, bis diese zusammenbricht. Wer hat die stabilste Brücke gebaut und wie viele Münzen kann diese Brücke tragen?

Demolier-Pendel

© Yakov Bloch – Shutterstock.com

Sie brauchen:

- ★ Klemmbausteine
- ★ 1 Stecksteinplatte
- ★ ca. 1 m lange Schnur
- ★ 1 Socke
- ★ 1 Tennisball
- ★ kleine Bauklötze

Los geht's:

Bauen Sie mit den Kindern aus den Klemmbausteinen auf die Platte eine Art Brücke aus jeweils zwei Reihen, um sie stabil zu halten. Stecken Sie den Tennisball in die Socke und binden Sie diese mit der Schnur zu. Das andere Ende der Schnur befestigen Sie in der Mitte der waagerechten Stecksteine, sodass der Ball ca. zu zwei Dritteln herunterhängt. Anschließend bauen die Kinder einen Turm aus den Bauklötzen, der so nahe an der Brücke steht, dass der geschwungene Tennisball sie erreichen kann. Dann experimentieren die Kinder mit dem gebauten Pendel und versuchen, ihren Turm umzuwerfen.

Varianten:

- ★ Geben Sie den Kindern Pappbecher zum Bauen der Türme.
- ★ Die Kinder verändern die Nähe der Türme zum Pendel.
- ★ Dies kann auch als Kegelspiel gespielt werden.

Bauklotz Schatten

© key_keeper – Shutterstock.com

Sie brauchen:

- ★ verschieden große Bauklötze
- ★ weißes Papier
- ★ Buntstifte

Los geht's:

An einem sonnigen Tag gehen Sie mit den Kindern raus. Auf einer flachen Oberfläche legen die Kinder ihr Papier auf den Boden und stellen die Klötze am Rand des Papiers auf- und nebeneinander. Achten Sie darauf, dass die Sonne von vorn auf die Klötze scheint, sodass hinter ihnen ihre Schatten auf das Papier geworfen werden. Mit den Stiften fahren die Kinder dann das Schattengebäude nach. Wer möchte, kann mit anderen Baukonstellationen experimentieren. Sie können zum Schluss diese Bilder so zusammenstellen, dass daraus eine Gruppencollage entsteht.

Zelten

Kinder im Vorschulalter lieben Abenteuer, wie z. B. Ausflüge und Übernachtungen weg von zu Hause. Mit dem Thema „Zelten" bringen Sie diese Erfahrungen für die Kinder in die Kita. Ein Zelt, ein einfaches Spiel-Lagerfeuer, eine Laterne und ein Schlafsack sind Utensilien, die eine Nacht im Wald simulieren und diese Erfahrung fast wirklich machen. Dazu eine Aufnahme von Nachtgeräuschen, wie Grillen, Zirpen, einem fließenden Bach und knackenden Ästen und schon wird eine gespielte Übernachtung in der Natur noch wirklicher und greifbarer für die Kinder.
Auch wenn Sie die Materialien dafür nicht in der Gruppe haben, Sie können immer Eltern um diese Gegenstände bitten und sie ausleihen.
Hier sind einige Ideen und Beispiele, wie Sie mit dem Thema „Zelten" die Kinder in den einzelnen Lernbereichen fördern können. Ihrer eigenen Fantasie, diese auszubauen oder anzupassen, sind dabei keine Grenzen gesetzt.

© Evgeny Atamanenko – Shutterstock.com

Sozial-Emotionales Lernen

Zelten: Fragen, Spiel und Diskussion

Sie brauchen:

- ★ 1 Seil oder eine auf den Boden gemalte/geklebte Linie
- ★ Aussagen *(S. 46)*

Los geht's:

Im Kreisgespräch besprechen Sie mit den Kindern das Thema „Zelten" und finden heraus, welche Kinder schon einmal gezeltet haben und wie ihre Erfahrungen waren. Fragen Sie die Kinder, was man alles beim Zelten machen kann und welche Aktivitäten sie schon ausprobiert haben.
Um das Gemeinschaftsgefühl der Gruppe zu stärken und die anderen Kinder gezielter kennenzulernen, reagieren die Kinder auf einfache Aussagen (s.S. 46). Passen Sie sie ggf. auf Ihre Gruppe an.
Legen Sie das Seil auf den Boden. Alle Kinder stellen sich auf einer Seite des Seils auf. Erklären Sie, dass Sie Sätze vorlesen und die Kinder auf diese reagieren, indem sie entweder über das Seil springen oder stehen bleiben.

Dieses Spiel fördert mehrere Entwicklungsbereiche – vor allem aber sozial-emotionales Lernen. Die Kinder müssen sich nicht nur zwischen zwei Alternativen entscheiden, sie tun dies beruhend auf ihren eigenen Emotionen und Erfahrungen. Dies gibt ihnen zugleich auch Gelegenheit, Gemeinsamkeiten mit anderen zu finden. Sie werden sich sicherer fühlen, ihre Gefühle und Gedanken auszudrücken.
Sie können nach jeder Aussage eine Pause machen und die Reaktionen mit den Kindern besprechen. Lassen Sie zu, dass die Kinder offen über eventuelle Ängste sprechen können.

Aussagen:

- ★ Springe über die Linie, wenn du Angst vor Bären hast.
- ★ Springe über die Linie, wenn du Lagerfeuer magst.
- ★ Springe über die Linie, wenn du schon einmal in einem Schlafsack geschlafen hast.
- ★ Springe über die Linie, wenn du einen Rucksack hast.
- ★ Springe über die Linie, wenn du dein Kuscheltier zum Zelten mitbringst.
- ★ Springe über die Linie, wenn du Lagerfeuergeschichten magst.
- ★ Springe über die Linie, wenn du eine Taschenlampe hast.
- ★ Springe über die Linie, wenn du Würstchen am Lagerfeuer grillen magst.
- ★ Springe über die Linie, wenn du Glühwürmchen fangen möchtest.
- ★ Springe über die Linie, wenn du ein Buch mitbringen würdest.
- ★ Springe über die Linie, wenn du denkst, dass du ein Rascheln hören wirst.
- ★ Springe über die Linie, wenn du statt Zelten eigentlich lieber zu Hause bleiben würdest.

Von Mücken und Elefanten

Individuelle Erfahrungen und Probleme aller Menschen müssen von allen ernst genommen werden, auch wenn andere es nicht so empfinden. Nennen Sie die kleinen Probleme „Mücken-Probleme" (z. B. „Er guckt mich böse an") und die großen Probleme „Elefanten-Probleme" („Sie hat mich gehauen").

Sie brauchen:
Kopiervorlage *„Mücke und Elefant"*

Los geht's:
Im Kreis besprechen Sie, dass es Probleme gibt, die Menschen unterschiedlich empfinden. Die Kinder erzählen über eigene Erfahrungen und beschreiben, ob es für sie ein kleines „Mückenproblem" oder ein großes „Elefantenproblem" ist. Lassen Sie Kinder ihre Erfahrungen entweder der Mücke oder dem Elefanten zuordnen und besprechen Sie, wie solche Probleme gelöst werden können. Um stärker zu visualisieren, können die Kinder ihre Probleme auch malen und sie dann den Bildkarten zuordnen.

Kopiervorlage

Mücke und Elefant

Wer hatte schon mal Angst?

Camping wird oft mit Lagerfeuergeschichten verbunden, die unheimlich sein können und durch Abend- und Nachtgeräusche verstärkt werden. Um sich die dabei eventuell entstehenden Grusel- oder Angstgefühle einzugestehen, brauchen Kinder die Versicherung, dass Angst ein normales Gefühl ist und dass es Strategien gibt, wie man damit umgehen kann.

Sie brauchen:

- ★ Papier für jedes Kind
- ★ Buntstifte
- ★ 1 Poster
- ★ 1 Marker
- ★ Geschichte *(S. 48)*

Los geht's:

Im Gesprächskreis lesen Sie den Kindern die Geschichte von S. 48 vor. Schätzen Sie dabei bitte vorab ein, ob die Kinder mit der Spannung angemessen umgehen können. Wenn Sie unsicher sind, wählen Sie bitte eine andere Geschichte. Lassen Sie die Kinder die Geschichte nacherzählen und finden Sie heraus, was genau in der Geschichte Angst machen könnte. Fragen Sie anschließend die Kinder, wie sie reagieren, wenn sie Angst haben (z. B. zittern, schreien o. Ä.). Wenn alle die Gelegenheit hatten, sich zu der Geschichte zu äußern, können Sie das Thema ausweiten und andere Angstsituationen mit den Kindern besprechen. Sammeln Sie die Antworten der Kinder, wie sie sich in Angstsituationen fühlen und was ihnen hilft, wenn sie in einer solchen Situation sind. Im Anschluss malen die Kinder ein Bild, auf dem sie die Strategie abbilden, die ihnen am besten hilft, mit ihrer Angst umzugehen. Sammeln Sie diese ein und fügen Sie sie in einem kleinen Buch mit dem Titel „Als ich einmal Angst hatte" zusammen. Dies können die Kinder sich dann im Alltag anschauen und allein „lesen".

Variante:

Erzählen Sie mit den Kindern zusammen eine Kettengeschichte. Sie beginnen und bauen die Spannung auf, z. B. „… und plötzlich sprang ein …". Mitten im Satz stoppen Sie und das Kind neben Ihnen soll die Geschichte, so wie es sich sie vorstellt, fortführen. So bekommt jedes Kind die Gelegenheit, zur Geschichte beizutragen.

Geschichte

Endlich ist es so weit. Lena und ich haben schon ungeduldig auf das Wochenende gewartet, denn Papa hatte versprochen, mit uns im Wald hinter unserem Haus zu zelten. Das wollten wir immer schon, auch wenn Papa sagt, dass es dort manchmal unheimlich sein kann, weil man komische Geräusche hört. Aber Lena und mir ist das egal, denn wir haben nie Angst – nicht vor Spinnen oder Schlangen, und schon gar nicht vor ein paar Geräuschen im Wald.
Am späten Nachmittag packen wir alles, was wir für unsere Nacht brauchen, in unsere Rucksäcke. Papa prüft nach: zwei Zelte, drei Schlafsäcke, zwei Decken, Wasser, Brote, Obst, Thermoskanne, Kekse, Schokolade und Marshmallows zum Rösten. Mama hat uns noch unsere Bücher eingepackt. Es kann losgehen.
Zu dritt ziehen wir los und suchen einen guten Zeltplatz, nicht zu nahe an unserem Haus. Papa und ich schlagen die Zelte auf und Lena sucht schon mal ein paar Stöcke, damit wir auch wirklich Marshmallows rösten können. Wir suchen gemeinsam Holz für ein kleines Lagerfeuer. Außerdem sammeln wir Steine, um uns eine Feuerstelle einzurichten. Dafür legen wir die Steine im Kreis hin und das Feuerholz in den Kreis hinein. Das Feuer darf nur im Steinkreis gemacht werden. Da wird es auch schon dunkel. Als alles aufgebaut und das Feuer an ist, sitzen wir mit Papa am Feuer und knabbern an unseren Broten. Es ist ganz still um uns herum, man hört nur die Grillen. Papa erzählt uns, wie er als Junge immer mit Opa und dann mit seinen Freunden an Wochenenden zelten war und die witzigen Sachen, die ihnen passiert sind, z.B. dass das Zelt einmal über ihnen zusammenklappte oder Opa die Streichhölzer aus seiner Hosentasche in den Bach fielen.
Langsam werden wir müde. Beim Einkuscheln in die Schlafsäcke hören wir es um uns herum knistern.
„Du, können Äste selbst eigentlich Geräusche machen?“, fragt Lena. „Quatsch, Äste doch nicht“, antworte ich und kichere. „Wieso fragst du?“
Anscheinend hat Lena ein Knacken gehört. Um sie zu beruhigen, bleibe ich auch ganz still, aber ich höre nur Papas Schnarchen.
Doch dann, etwas weiter weg, höre ich, wie Äste zertreten werden. Ich reiße meine Augen und meinen Mund auf – ich bin sprachlos. Was ist das nur? Ein Tier? Oder ein Mensch? – Egal, jedenfalls fühle ich mich plötzlich doch nicht mehr so mutig. Bevor ich den Reißverschluss vom Zelt zuziehe, gucke ich noch mal schnell raus, aber ich kann nichts sehen. „Lena“, flüstere ich, „sei ganz still, krieche in deinen Schlafsack und bewege dich nicht. Vielleicht fallen wir dann gar nicht auf und es scheint, als ob das Zelt leer ist.“ Das war unser Plan, zu tun, als wären wir gar nicht da. Vielleicht wird Papas Schnarchen dieses Wesen vertreiben.
Lena und ich liegen stocksteif im Zelt. Schritte – es sind Schritte, also ein Mensch. Aber was will er? Unser Lagerfeuer benutzen? Uns die Streichhölzer klauen? Die Schritte sind jetzt ganz nah am Zelt. Wir wagen kaum zu atmen. Langsam zieht eine Hand den Reißverschluss auf. Ich will grade losbrüllen, als ein Licht angeht und ich Mama erkenne. „Mama“, flüstert Lena, „was machst du denn hier mitten in der Nacht? Du hast uns so erschreckt, wir dachten, jemand will uns klauen.“ Mama lacht und sagt: „Das glaube ich kaum, aber es ist gut zu wissen, dass eure Ohren so gut funktionieren. Ich wollte mich leise anschleichen, damit ich euch nicht wecke. Und ich wollte nur Taschenlampen bringen, die ihr vergessen habt.“ Ich atme auf und lache: „Die Taschenlampen? Stimmt, das hatten wir uns eigentlich schon gedacht, oder, Lena?“ Inzwischen kommt auch Papa ins Zelt, denn wir haben ihn aufgeweckt. Mama erklärt, warum sie bei uns ist, und nachdem Papa laut gelacht hat, bietet er Mama an, mit uns im Zelt zu schlafen – denn ohne Taschenlampe findet sie sonst den Weg nicht zurück. Und so haben wir dann doch einen Familienausflug gemacht.

Literacy

Memo Camping

Bildkarten kann man in den verschiedensten Arten verwenden und einsetzen. Ob Sie damit Memo spielen oder sie für Sprach- und Matheaufgaben benutzen, es ist immer gut, Memokarten zum Thema zur Hand zu haben.

Sie brauchen:

- Kopiervorlage *„Memokarten Camping" (S. 50)*
- Schere
- Papier
- Stift

Los geht's:

Kopieren Sie die Memokarten und schneiden Sie sie auseinander. Gestalten Sie – ungefähr in der gleichen Größe wie die Karten – Zettel, auf denen die Begriffe stehen, die auf den Memokarten zu sehen sind. Verteilen Sie alle Karten im Kreis auf dem Boden, mit den Bildern nach oben. Dabei sollten sie gut gemischt sein. Nehmen Sie eine Karte mit einem Wort und lesen Sie es den Kindern vor. Die Kinder suchen dann aus den Karten das passende Bild heraus. Legen Sie die beiden Karten zusammen an den Rand, sodass man erkennen kann, welche Bilder und Wörter zusammengehören. So finden Sie Bildkarten zu jedem Wort. Sie können es entweder so spielen, dass sie jeweils nur eine Bildkarte zu dem Wort auslegen oder beide, so haben jeweils zwei Kinder die Chance, ein Wort-Bild-Paar zu finden.

Varianten:

- Wenn den Kindern die Karten bekannt sind, können Sie dies auch als Memospiel spielen.
- Stellen Sie für jedes Bild eine Karte mit dessen Anlaut her. Lassen Sie die Kinder dann die Bilder ihrem entsprechenden Anlaut zuordnen. Dies können Sie durch Kommentare unterstützen.

Kim-Spiel

Sie brauchen:

- Bildkarten oder kleine Spielsachen, die mit dem Thema „Zelten" verbunden sind (s. Kopiervorlage *„Memokarten Camping", S. 50)*
- 1 kleine Decke

Los geht's:

Legen Sie die Bildkarten in die Mitte des Kreises. Nachdem die Kinder Gelegenheit hatten, diese anzusehen, decken Sie sie mit der Decke ab und entfernen ungesehen ein Bild/Spielzeug. Nehmen Sie die Decke weg und die Kinder raten, welcher Gegenstand fehlt.

Memokarten Camping

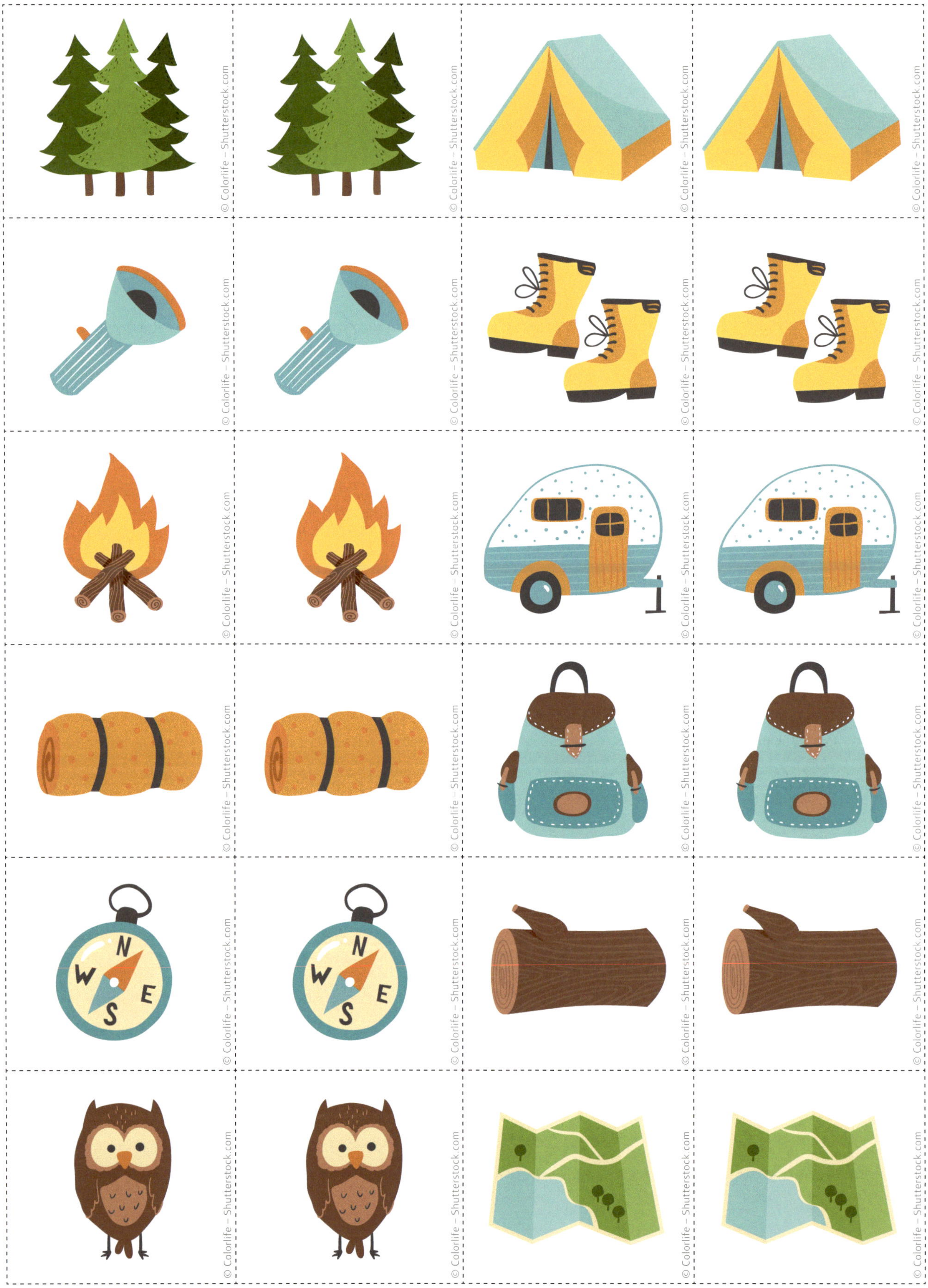

Ich packe meinen Rucksack

© diter – stock.adobe.com

Los geht's:

Im Sitzkreis erzählen Sie den Kindern von ihrem geplanten Zelturlaub. Dazu packen Sie einen imaginären Rucksack und beginnen so das Spiel. „Ich packe meinen Rucksack und ich nehme mit …“ Anschließend wiederholt das rechts neben Ihnen sitzende Kind Ihren Satz und packt dann einen eigenen Gegenstand in den Rucksack. Das Spiel setzt sich fort, indem jedes Kind der Reihe nach die Gegenstände der vorherigen Kinder wiederholt und einen eigenen hinzufügt.

Varianten:

- Erlauben Sie lediglich Vokabular aus dem Bereich „Zelten“.
- Für Profis: Alle Wörter müssen mit einem bestimmten Laut beginnen, z. B. W wie Wald oder Z wie Zelt.

Der Buchstabe Z

Wie sieht er aus, wie klingt er? Gemeinsam mit den Kindern finden Sie Wörter, die mit Z beginnen.

Sie brauchen:

- ein Lautbild des Buchstaben Z (Bildkarte oder aus Holzstäbchen gelegt)
- Holzstäbchen zum Legen
- kleine Spielsachen oder Bildkarten mit Gegenständen, die mit Z beginnen
- weitere Spielsachen oder Bildkarten mit Gegenständen, die nicht mit Z beginnen

© Szasz_Fabian Erika – stock.adobe.com

Los geht's:

Zeigen Sie den Kindern die Bilder/Spielsachen und lassen Sie sie bestimmen, mit welchem Laut sie beginnen. Dann zeigen Sie ihnen den dazugehörigen Buchstaben und lassen Sie ihn beschreiben. Die Kinder dürfen versuchen, ihn mit den Holzstäbchen nachzulegen. Beginnen Sie gemeinsam, Z-Wörter zu finden und sie aufzuschreiben.

Variante:

Wenn Sie möchten, können Sie mit den Kindern Z-Wörter und S-Wörter vergleichen, indem Sie Gegenstände/Bilder von beiden zeigen und die Kinder diese langsam aussprechen lassen. Dann sortieren die Kinder diese in die beiden Anlautkategorien. Auch hierbei geht es darum, den Unterschied zu hören.

Finde alle Z

Sie brauchen:

Kopiervorlage *„Finde alle Z"*

Los geht's:

Die Kinder bekommen je eine kopierte Vorlage. Sprechen Sie mit ihnen darüber, was auf dem Bild zu sehen ist. Danach sollen die Kinder versuchen, alle Buchstaben Z zu finden und einzukreisen. Zum Schluss können die Kinder ihre Blätter vergleichen und schauen, ob jedes Kind alle Buchstaben Z gefunden hat.

Kopiervorlage

Finde alle Z

N L M Z T Z M Z N

M T M L

Z Z N Z L T Z

N N

L T M Z M N

N Z M T N N

L N Z L T M Z L

N T Z M L L T

M N Z M N

Wahrnehmung

Waldtierepuzzle

Sie brauchen:

- Kopiervorlage *„Waldtierepuzzle"*
- Schere

Los geht's:

Kopieren Sie die Vorlage, wenn möglich, vergrößert. Schneiden Sie die Puzzleteile der Waldtiere auseinander. Die Fotos legen Sie in die Mitte des Kreises. Die Kinder betrachten die Tiere und raten, welches Waldtier abgebildet ist. Um dies zu prüfen, geben Sie den Kindern das Puzzleteil mit dem Namen des Tieres. Passen die beiden zusammen, wurde das Tier richtig erkannt.

Kopiervorlage

Waldtierepuzzle

Igel

Wolf

Reh

Eule

**Eich-
hörnchen**

Fuchs

Wimmelbild Waldtiere

Sie brauchen:

- Kopiervorlage *„Wimmelbild Waldtiere"*
- Blei- oder Buntstifte

Los geht's:

Kopieren Sie die Vorlage für jedes Kind. Im Wimmelbild versuchen die Kinder, die kleinen Waldtiere zu erkennen und einzukreisen. Besprechen Sie mit den Kindern ihre Entscheidungen.

Kopiervorlage

Wimmelbild Waldtiere

Mathematik

Campingpuzzle

Sie brauchen:

- Kopiervorlage *„Campingpuzzle"*
- Schere
- Tablett

Los geht's:

Kopieren Sie die Vorlage und schneiden Sie das Puzzle in die einzelnen Streifen. Mischen Sie diese durch und legen Sie sie auf einem Tablett bereit. Die Kinder können sich einzeln oder zu zweit dem Puzzle widmen und es lösen.

Kopiervorlage

1

2

3

4

5

6

7

8

9

10

Campingmuster legen

Sie brauchen:

★ Kopiervorlage *„Memokarten Camping"* (S. 50)
★ Schere
★ Tablett

Los geht's:

Kopieren Sie die Vorlage mehrmals, sodass die Bilder in ausreichender Menge zur Verfügung stehen. Schneiden Sie mit den Kindern die einzelnen Bilder aus und legen Sie diese in Musterreihen auf ein Tablett oder den Tisch (s. Beispiele). Die Kinder identifizieren das Muster und benutzen die restlichen Karten, um das Muster fortzusetzen. Um die Legekarten stabiler zu machen, können Sie sie auf Karton kleben.

Beispiele:

Motorik

Fußspuren-Pfad

Dieser Pfad verlangt von den Kindern die vorgegebene Spur zu „lesen" und ihr entsprechend zu folgen – Fuß an Fuß, breitbeinig, rückwärts etc.

Sie brauchen:

- Kopiervorlage *„Fußspuren"*
- Malerband

Los geht's:

Entscheiden Sie, wie lang Ihr Pfad werden soll. Kopieren Sie die Vorlage in ausreichender Menge und ungefähr auf Kinderfußgröße. Kleben Sie dann im Gruppenraum, im Flur oder draußen auf Steinen die Füße entsprechend verschiedener Gangarten auf. Die Kinder beginnen am Start und folgen dem Pfad, indem sie die Gangarten imitieren.

Varianten:

- Lassen Sie die Kinder rückwärts den Pfad gehen.
- Die Kinder versuchen, den Pfad zu laufen.
- Verbinden Sie einem Kind die Augen mit einem Tuch. Ein zweites Kind führt es nun an der Hand den Pfad entlang und erklärt den Gang verbal.

Kopiervorlage

Fußspuren

Z legen

Abb. Verlag an der Ruhr

Sie brauchen:

- ★ Naturmaterial
- ★ Knetmasse
- ★ Pfeifenreiniger
- ★ Holzstäbchen
- ★ eine Papiervorlage des Buchstaben Z

Los geht's:

Legen Sie die Materialien und die Vorlage des Z in die Mitte des Tisches. Die Kinder betrachten die Vorlage und versuchen nun, das Z mit den ausgelegten Materialen nachzubilden. Wenn Sie dabeisitzen, versuchen Sie, mit den Kindern gemeinsam Wörter zu finden, die mit dem Laut beginnen.

Naturwissenschaften/Experimente

Bären-Bootsfahrt

© Arctic ice – Shutterstock.com

Sie brauchen:

- ★ 1 klares Gefäß
- ★ Wasser
- ★ die leere Hälfte einer Walnuss oder eine leere Teelichthülle
- ★ 2 Gummibärchen
- ★ 1 Glas

Los geht's:

Füllen Sie das Gefäß etwa zur Hälfte mit Wasser. Die Gummibärchen setzen Sie in die Walnussschale und lassen diese auf dem Wasser treiben. Erklären Sie den Kindern, dass Sie nun das Glas senkrecht über das Boot mit den Gummibärchen stülpen. Was denken die Kinder, passiert mit den Gummibärchen?

Das Glas verdrängt das Wasser und Luft füllt das Glas. Die Gummibärchen sinken auf den Boden in ihrem Boot, bleiben aber trocken. Wenn Sie das Glas langsam wieder hochnehmen, kommt auch das Boot trocken wieder an die Oberfläche.

Was schmilzt in der Sonne?

© psdesign1 – stock.adobe.com

Sie brauchen:

- 1 Muffinform
- 1 Klemmbaustein
- 1 kleine Geburtstagskerze
- 1 Münze
- 1 Eiswürfel
- 1 kleinen Stein
- 1 Stück Schokolade
- 1 Stück Käse
- 1 kleinen Ast
- Kopiervorlage *„Was schmilzt" (S. 60)*

Los geht's:

Geben Sie jedem Kind eine kopierte Vorlage. Legen Sie die Gegenstände in die einzelnen Kuhlen in der Muffinform. Zeigen Sie den Kindern diese und fordern Sie die Kinder auf, vorauszusagen, welche Gegenstände in der Sonne schmelzen. Ihre Vorhersagen können sie in die Kopiervorlage eintragen. Danach stellen Sie die Muffinform für ca. zwei Stunden in die Sonne. Anschließend holen Sie diese wieder rein und schauen nach, was wirklich geschmolzen ist. Auch dies tragen die Kinder in ihre Vorlage ein. Vergleichen Sie die Übereinstimmungen zwischen Voraussage und Ergebnis.

Welches Tier gehört nicht in den Wald?

© Erik Mandre – Shutterstock.com

Sie brauchen:

- Kopiervorlage *„Welches Tier gehört nicht in den Wald?" (S. 61)*
- Bunt- oder Bleistift

Los geht's:

Geben Sie den Kindern je eine Kopie und einen Stift.
In jeder Reihe haben sich zwei Tiere eingeschlichen, die nicht im Wald leben. Die Kinder finden sie und kreisen sie ein. Anschließend können Sie die Tiere auf dem Bild ausmalen.

Was schmilzt?

Gegenstand	Voraussage		Ergebnis	
	👍	👎	👍	👎

Welches Tier gehört nicht in den Wald?

Fühlbeutel mit Waldgegenständen

Sie brauchen:

- ★ 1 Stoffbeutel
- ★ 1 Zapfen
- ★ 1 kleinen Ast
- ★ 1 Stück Moos
- ★ 1 Blatt von einem Baum
- ★ 1 Spielzeugkäfer
- ★ 1 Spielzeugigel
- ★ 1 Kieselstein
- ★ 1 Stück Baumrinde
- ★ 1 Tannenzweig, der nicht piekt

Los geht's:

Stecken Sie alle Gegenstände in den Stoffbeutel. Die Kinder fühlen mit ihrer Hand die Gegenstände und erraten, was sie gefühlt haben. Wenn sie eine Antwort haben, können sie den Gegenstand herausholen, um zu prüfen, ob sie richtig geraten haben.

Varianten:

- ★ Zur Erleichterung können Sie zusätzlich Fotos der Gegenstände dazu legen.
- ★ Sie können für jedes Kind einen eigenen Fühlbeutel gestalten, evtl. jeweils mit anderem Inhalt. So kommen die Kinder ins Gespräch über ihre individuellen Fühlbeutel und können sie auch mal untereinander tauschen.

Meerestiere

Meerestiere sind sehr beliebt bei Kindern. Dies liegt mit Sicherheit daran, dass man nur wenige Meerestiere direkt sehen kann. Dadurch werden die Kinder neugierig auf das Thema.
Um das Thema „Meerestiere" für die Kinder gut greifbar zu machen, folgen hier einige Ideen und Beispiele, wie Sie die Kinder mithilfe von Meerestieren in den einzelnen Lernbereichen fördern können. Sehen Sie diese als Ausgangspunkt für eigene und von den Kindern angeregte Aktivitäten.

© juninatt – Shutterstock.com

Sozial-Emotionales Lernen

Malen zu Naturgeräuschen

Sie brauchen:

- Meeresgeräusche, z. B. Meeresrauschen, Walgesänge o. Ä.
- 1 CD-Player
- Wasserfarben
- Papier (mind. DIN A3)
- Pinsel
- Becher
- Wasser

Los geht's:

Geben Sie den Kindern jeweils ein Blatt, einen Pinsel und einen Becher, den sie mit Wasser füllen. Wenn alle bereit sind, lauschen Sie zunächst ca. zwei Minuten den Naturgeräuschen und beraten mit den Kindern, welche Handbewegungen sie damit in Verbindung bringen oder welche Bilder in ihren Köpfen entstehen. Danach dürfen sie diese mit Farbe auf dem Papier umsetzen, während sie den Naturgeräuschen weiter lauschen. Lassen Sie anschließend von den Kindern beschreiben, was sie gefühlt haben und wie sich das Gefühl in ihrem Bild zeigt.

Sensorische Flasche

© Joaquin Corbalan P – Shutterstock.com

Sie brauchen:

- 1 kleine, leere, saubere Wasserflasche für jedes Kind
- Wasser
- Babyöl
- kleine Muscheln
- Glitzer
- kleine Perlen
- Heißkleber
- blaue Fingerfarbe

Los geht's:

Die Flasche füllen die Kinder zu drei Vierteln mit jeweils einem Teil Wasser und einem Teil Babyöl. Dann fügen sie blaue Farbe hinzu und mischen den Glitzer ein. Die Kinder können ein paar kleine Perlen oder Muscheln hineingeben. Danach verschließen Sie mit dem Heißkleber die Flasche, sodass sie nicht wieder aufgehen kann.

Achtung:
Arbeiten mit Heißkleber dürfen nur von Erwachsenen ausgeführt werden.

Der Hai sagt …

Dieses einfache Spiel soll besonders das Hörvermögen schulen und das Vokabular erweitern. Es soll dazu beitragen, dass die Kinder Anweisungen befolgen lernen und sich selbst kontrollieren können.

Sie brauchen:

- Bewegungsideen
- Text (S. 65)

Los geht's:

Die Kinder stehen verteilt im Raum und hören Ihren Bewegungsaufträgen zu. Dabei geben Sie Aufträge, die mit „Der Hai sagt …" beginnen, und die Kinder führen diese anschließend aus. Wenn der Auftrag „Der Hai sagt …" vorab jedoch fehlt, bleiben sie einfach stehen. Kinder, die sich dennoch bewegen, könnten an dieser Stelle evtl. ausscheiden.

© Tartila – Shutterstock.com

Meerestiere

Der Hai sagt:

- Berühre deine Zehen 3-mal.
- Schüttle deinen ganzen Körper.
- Stehe auf dem rechten Bein.
- Umarme dich selbst.
- Mache Mundbewegungen wie ein Fisch.
- Forme mit deinen Händen ein Herz.
- Watschle wie eine Ente.
- Drehe dich 3-mal um.
- Berühre dein rechtes Ohr und dein rechtes Knie.
- Mache einen Kussmund.
- Drehe dich 2-mal um und klatsche dann 2-mal in die Hände.
- Bewege deine Finger.
- Mache drei Hampelmänner.
- Berühre deine Knie mit gekreuzten Armen.
- Runzle die Stirn.
- Zähle mit den Fingern rückwärts von zehn bis null.
- Mache ein trauriges Gesicht.
- Stehe auf einem Fuß.
- Lege beide Hände auf deinen Kopf.
- Mache ein ängstliches Gesicht.
- Mache ein überraschtes Gesicht.
- Springe einmal nach links.
- Springe einmal nach rechts.

Literacy

Lustige Sätze werfen

Sie brauchen:

- 4 mit Reis gefüllte Luftballons in Rot, Gelb, Blau, Grün
- 3 weiße Poster
- je 1 Marker in Rot, Gelb, Blau, Grün
- Schere

© g215 – Shutterstock.com

Los geht's:

Schneiden Sie aus jedem Poster etwa fünf Kreise à 30 cm Durchmesser aus. Schreiben Sie auf fünf Kreise in Rot je ein Meerestier mit einem Artikel als Satzanfang. Auf fünf weitere Kreise schreiben Sie in Gelb passende Verben. Auf fünf weitere Kreise schreiben Sie in Blau passende Adjektive. Auf die fünf verbleibenden Kreise schreiben Sie in Grün je einen Ort.

Hier ein Beispiel: **Der Wal trinkt lustig auf dem Schiff**.

Legen Sie die Kreise farblich sortiert in Gruppen auf dem Boden aus. Markieren Sie anschließend eine Stelle, von der aus ein Kind jeweils den roten Ballon auf eines der roten Wörter wirft, den gelben auf ein gelbes, den blauen auf ein blaues Wort und den grünen auf ein grünes Wort. Es entstehen lustige Sätze. Sie können die Sätze direkt den Kindern vorlesen und evtl. auch aufschreiben und an der Wand aufhängen (visualisieren). So erleben Kinder, dass aus einzelnen Wörtern ganze Sätze entstehen, die manchmal auch keinen richtigen Sinn ergeben. Das macht Spaß und ist lustig!

Magische Buchstaben

© photodaria – Shutterstock.com

Sie brauchen:

- für jedes Kind ein DIN-A4-Blatt
- Wasserfarben
- Pinsel
- Scheren
- 1 weißen Wachsmalstift

Los geht's:

Beschriften Sie mit einem weißen Wachsmalstift vor dem Malen für jedes Kind sein eigenes Blatt. Schreiben Sie den Namen des Kindes in Großbuchstaben auf. Dabei können die einzelnen Buchstaben über das Blatt verteilt sein. Die Kinder benutzen nun die Wasserfarbe, um das Bild zu gestalten. Dabei werden die Wachsmalbuchstaben die Wasserfarben abstoßen, sodass sie anschließend sichtbar sind. Wenn die Kinder die Buchstaben ihres Namens nicht von allein erkennen, thematisieren Sie das in einem Gespräch.
Zum Schluss können die Kinder ihre Werke noch ausgestalten, indem sie Meerestiere hineinmalen.

Varianten:

- Schreiben Sie mehrere Buchstaben auf die Blätter. Nach dem Malen und Trocknen schneiden die Kinder die Buchstaben ihres Namens aus und legen sie in der richtigen Reihenfolge zusammen.
- Benutzen Sie die ausgeschnittenen Namen für eine Collage, indem Sie diese auf ein großes blaues Papier kleben und ausgestalten lassen.

Meerestierpuzzle

Sie brauchen:

- Kopiervorlage *„Meerestiere-Anlautpuzzle" (S. 67)*
- Schere

Los geht's:

Schneiden Sie die Karten jeweils entlang der Puzzle-Linie aus. Diese trennt den Anlaut vom Rest des Wortes. Mischen und verteilen Sie die Karten auf einem Tisch. Die Kinder finden jeweils die beiden Puzzleteile, die zusammenpassen. Diese ergeben den Namen des Meerestieres. Wenn alle Puzzles fertig gelegt sind, können Sie in einem Gespräch mit den Kindern auf die Anlaute und Schreibweisen der Wörter eingehen. Sprechen Sie die Wörter übertrieben deutlich aus und zeigen Sie dabei auf die Buchstaben, die in dem Wort vorkommen. Alternativ können Sie auch gezielt auf die Anfangsbuchstaben eingehen und darüber ein Gespräch mit den Kindern führen. So lernen sie einzelne Buchstaben näher kennen.

Meerestiere-Anlautpuzzle

W	al	K	rebs
Qu	alle	F	isch
D	elfin	S	eestern
M	uschel	Sch	ildkröte

Wahrnehmung

Finde den passenden Schatten

Sie brauchen:

- ★ Kopiervorlage *„Finde den passenden Schatten"*
- ★ Buntstifte

Los geht's:

Die Kinder schauen sich die Meerestiere auf der linken Seite der Kopiervorlage genau an und finden auf der rechten Seite den zu jedem Tier gehörigen Schatten. Sie malen den Punkt neben den Schatten in derselben Farbe an wie den Punkt neben dem passenden Meerestier. Im Anschluss vergleichen Sie gemeinsam, ob die Kinder die richtigen Schatten gefunden haben.

Kopiervorlage

Finde den passenden Schatten

Welche Qualle ist anders?

Sie brauchen:

- Kopiervorlage *„Welche Qualle ist anders?“*
- Stifte

Los geht's:

In jeder Reihe ist eine der Quallen anders als die anderen. Die Kinder finden sie und kreisen sie ein. Zum Schluss vergleichen die Kinder ihre Ergebnisse und erklären, was die Quallen unterscheidet.

Kopiervorlage

Welche Qualle ist anders?

1.

2.

3.

4.

5.

Mathematik

Fehlende Fische

Sie brauchen:

- Kopiervorlage *„Fehlende Fische"*
- 1 Wäscheklammer pro Fisch
- Schere
- Kleber

Los geht's:

Kopieren und (wenn möglich) vergrößern Sie die Zahlenstreifen und die Fische auf Tonpapier und schneiden Sie diese aus. Mit dem Kleber befestigen Sie jeweils einen Fisch an einer Wäscheklammer. Die Kinder schauen sich die Reihe an, bestimmen die fehlende Zahl und stecken die Wäscheklammer mit der korrekten Zahl dort fest, bis alle Lücken gefüllt sind. Um das Spiel stabiler zu gestalten, können Sie die Elemente der Vorlage laminieren und ausschneiden. Achten Sie dabei darauf, dass keine scharfen Kanten entstehen.

Kopiervorlage

Fehlende Fische

1	2	3		5	
1		3	4	5	6
2	3		5	6	7
4		6	7		9
5	8	4	6	2	4

Finde die Zahl

Sie brauchen:

- Kopiervorlage *„Finde die Zahl"*
- 1 Wäscheklammer pro Karte
- Schere

Los geht's:

Kopieren Sie die Vorlage vergrößert (ggf. auf dickes Papier), schneiden Sie die Karten einzeln aus und legen Sie diese mit den Wäscheklammern zusammen auf den Tisch. Die Kinder betrachten die Karten, zählen die Tiere im Bild und stecken eine Wäscheklammer an die korrekte Zahl. Im Anschluss können Sie gemeinsam überprüfen, ob die richtigen Zahlen ausgewählt wurden. Ermutigen Sie die Kinder, die Tiere laut vorzuzählen und so gemeinsam zur Lösung zu kommen.

Kopiervorlage

Finde die Zahl

2 4 3	1 6 4	2 1 5
6 3 8	4 2 5	2 1 4
3 5 7	2 9 7	8 10 5

Motorik

Bewege dich wie die Meeresbewohner

Sie brauchen:

- Kopiervorlage *„Bewege dich wie die Meeresbewohner"*
- Schere

Los geht's:

Kopieren Sie die Karten und schneiden Sie sie aus. Benutzen Sie sie gezielt für eine Bewegungspause. Die Kinder bewegen sich entsprechend der vorgegebenen Tiere/Pflanzen im Raum oder im Freien. Dazu können Sie die Karten im Stapel verdeckt auf den Boden legen und jeweils eine Karte ziehen und die Bewegungen ausführen. Es können auch die Kinder nacheinander eine Karte ziehen und die Bewegungen vormachen, die auf der Karte sind. Die anderen Kinder machen sie dann nach.

Varianten:

- Für zwischendurch können Sie jederzeit nur eine der Karten benutzen.
- Spielen Sie Meeres- und Wellengeräusche dazu ab.

Kopiervorlage

Bewege dich wie die Meeresbewohner

Öffne deinen Mund weit und beiße zu wie ein Hai.

Blase deine Backen auf wie ein Kugelfisch.

Schüttle die Arme wie eine Qualle.

Strecke deine Arme weit auseinander und gleite wie ein Rochen durch das Meer.

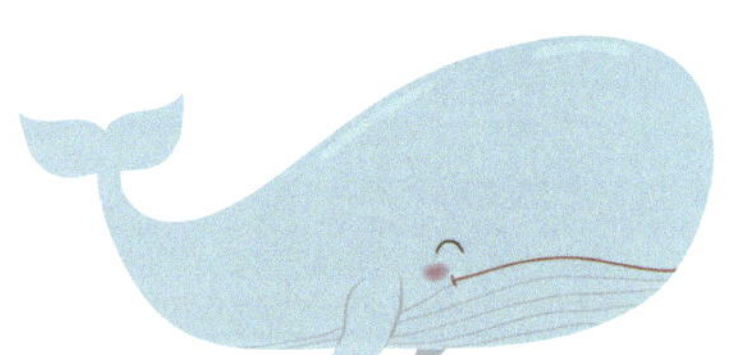

Puste Luft nach oben wie ein Wal.

Krabble rückwärts auf Händen und Füßen wie ein Krebs.

Lege dich auf den Boden und strecke dich wie ein Seestern.

Springe hoch wie ein Delfin aus dem Wasser.

Wiege dich mit ausgestreckten Armen wie eine Alge im Meer.

Wellen

Sie brauchen:

- Kopiervorlage „Wellen“
- blaue Buntstifte

Los geht's:

Geben Sie jedem Kind eine kopierte Vorlage und leiten Sie es an, die gezeigten Wellen möglichst genau nachzuspuren, auch mehrfach übereinander. Wenn die Kinder fertig sind, können sie anschließend in ihre Meereswellen Tiere malen.

Kopiervorlage

Wellen

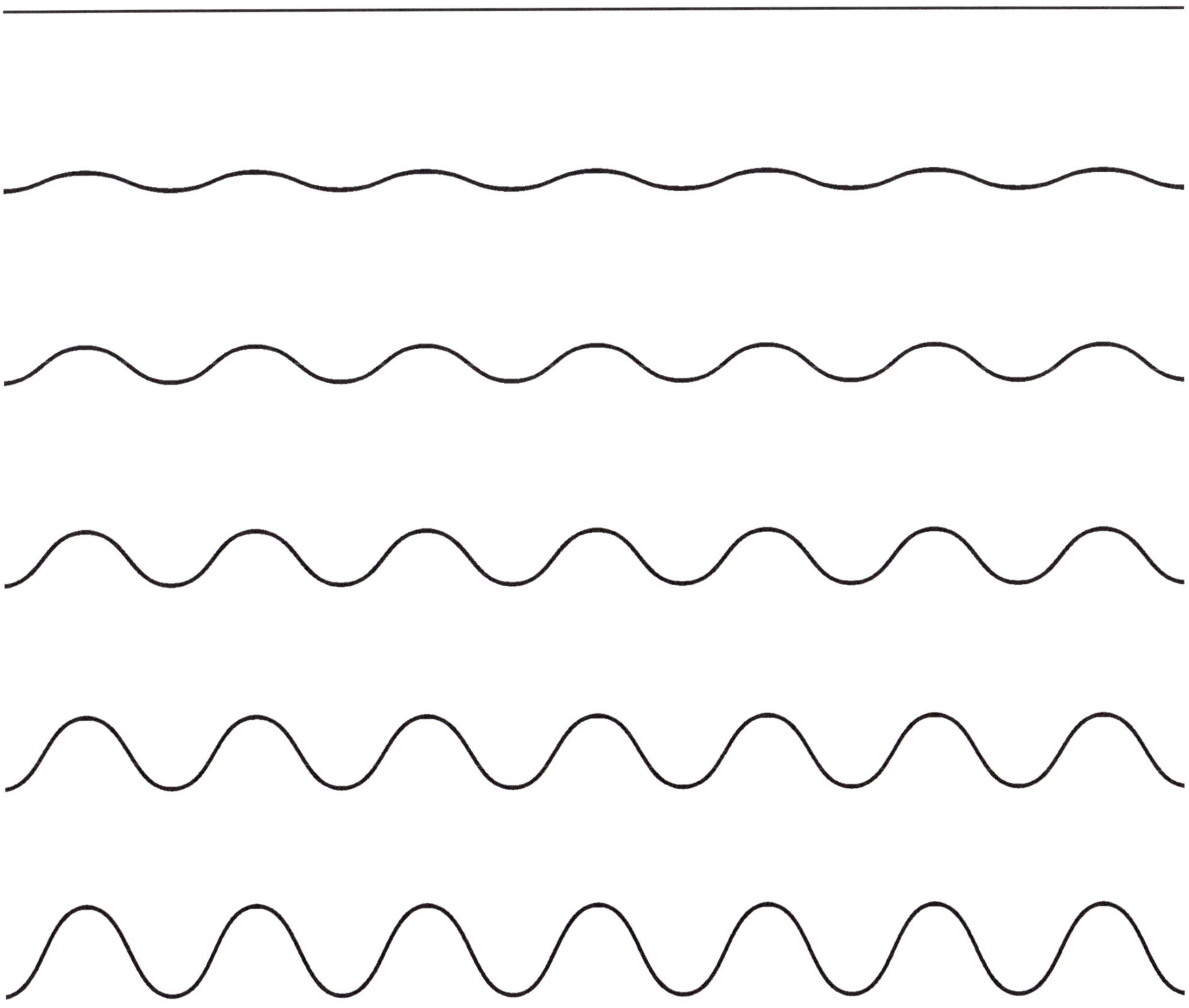

Meerestiere

Puste wie ein Wal

© Kate Garyuk – Shutterstock.com

Sie brauchen:

- ★ Malpapier für jedes Kind
- ★ Wachsmalstifte
- ★ Wasserfarben
- ★ Wasser
- ★ Becher
- ★ Pinsel
- ★ Strohhalme

Los geht's:

Die Kinder malen auf das Papier mit Wachsmalstiften einen großen Wal. Das Wasser, in dem der Wal schwimmt, wird mit Wasserfarben darübergemalt. Über der Wasseroberfläche (knapp über dem Kopf des Wals) tropfen die Kinder mehrere Tropfen gefärbtes Wasser auf das Papier. Mit dem Strohhalm pusten sie diese Tropfen in verschiedene Richtungen, damit es aussieht wie ein Blas von einem Wal.

Naturwissenschaften/Experimente

Experimente: Wasser/Öl

© Dipali – stock.adobe.com

Sie brauchen:

- ★ 1 leere Wasserflasche
- ★ 125 ml Pflanzenöl
- ★ Lebensmittelfarbe
- ★ Salz
- ★ Zucker
- ★ 1 langen Kochlöffel

Los geht's:

Füllen Sie die Flasche ca. zur Hälfte mit Wasser und erklären Sie den Kindern, dass Sie das Wasser mit dem Öl vermischen werden. Geben Sie das Öl in die Flasche und verschließen Sie diese gut. Schauen Sie gemeinsam mit den Kindern, was passiert, und sprechen Sie darüber. Nun schütteln Sie die Flasche. Das Öl mischt sich nicht mit dem Wasser. Beobachten Sie das eine Weile mit den Kindern, bis das gesamte Öl wieder auf dem Wasser schwimmt. Jetzt können Sie die Kinder einladen, durch verschiedene Maßnahmen auszuprobieren, ob es möglich ist, dass sich die Flüssigkeiten vermischen. Geben Sie ein paar Tropfen Lebensmittelfarbe in die Flasche. Diese wird langsam durch das Öl sinken, ohne es zu färben und sich dann im Wasser auflösen. Die Flasche wird wieder geschüttelt und beobachtet. Geben Sie eine zweite Farbe, etwas Salz oder Zucker in die Flasche und rühren Sie die Flüssigkeit mit dem Stiel des Kochlöffels, statt zu schütteln, und beobachten Sie wieder. Wenn die Kinder überzeugt sind, dass sich das Wasser auf keinen Fall mit dem Öl vermischt, können Sie den Kindern die Erklärung dazu geben. Das Öl hat eine geringere Dichte als das Wasser, es ist leichter, deshalb schwimmt es oben.

Salzwasser-Experimente

© Sunnydays – stock.adobe.com

Sie brauchen:

- 3 Gläser oder durchsichtige Becher
- Wasser
- Salz
- Zucker
- 1 Löffel
- kleine Muscheln

Los geht's:

Füllen Sie die drei Gläser zu ca. zwei Dritteln mit Wasser. Während ein Glas keinen Zusatz erhält, geben Sie in das zweite Glas zwei Esslöffel Zucker und in das dritte Glas sechs Esslöffel Salz. Rühren Sie beides gut, sodass sich das Salz und der Zucker auflösen. Anschließend geben Sie ca. fünf kleine Muscheln in jedes Glas und beobachten, was passiert. Die Muscheln im Salzwasser werden an der Oberfläche treiben, während sie im Zuckerwasser und dem unbehandelten Wasser untergehen.
Probieren Sie das Experiment vorher aus. Ggf. können Sie Salz- und Zuckermenge dem Experimentergebnis anpassen (mehr/weniger Salz bzw. Zucker).

Wie schwimmt der Hai?

© cbpix – stock.adobe.com

Sie brauchen:

- 2 kleine Wasserflaschen
- Öl
- Wasser
- 1 Wanne, die halb mit Wasser gefüllt ist
- Marker

Los geht's:

Malen Sie auf beide Flaschen einen Hai mit Maul und Augen. Füllen Sie dann eine Flasche halb mit Wasser und eine halb mit Öl. Verschließen Sie beide gut. Dieses Experiment zeigt, warum ein Hai trotz seines Gewichts im Meer nicht sinkt, sondern treiben kann. Legen Sie beide Flaschen seitlich in die Wanne und lassen Sie die Kinder beobachten, was mit den Flaschen passiert. Während die Flasche mit Wasser sinkt, wird die Ölflasche an der Oberfläche treiben. Haie haben nicht nur eine sehr große, ölige Leber, sondern ihr Skelett besteht aus Knorpel, nicht aus Knochen. Beides macht den Hai leichter.

Pizza

Pizza gehört meist zu den Lieblingsgerichten der Kinder. Hier finden Sie einige Ideen und Beispiele, wie sie mit motivierenden Angeboten zum Thema „Pizza" die Kinder in den einzelnen Lernbereichen fördern können. Dies können Sie nach Geschmack ausbauen.

Sozial-Emotionales Lernen

Pizzaparty

© Evgeny Atamanenko – Shutterstock.com

Gemeinsam feiern und Spaß haben festigt die Gruppengemeinschaft und einzelne Verbindungen unter den Kindern. Eine gemeinsame Mahlzeit, zu der alle Kinder beitragen, ist eine wunderbare Gelegenheit, dies zu unterstützen.

Sie brauchen:

- ★ Postkarten für Einladungen
- ★ Pizzateig (fertigen oder selbst gemachten)
- ★ Nudelholz
- ★ Backblech
- ★ Backofen
- ★ Backpapier
- ★ Besteck und Geschirr
- ★ evtl. festliche Tischdeko

Los geht's:

Planen Sie mit den Kindern eine Pizzaparty zu einem besonderen Anlass. Dies kann z. B. am Vormittag in der Kita stattfinden. Stellen Sie sicher, dass keins der Kinder eine Allergie gegen eine der Zutaten hat. Wenn dies der Fall sein sollte, halten Sie Rücksprache mit der Familie des Kindes und erfragen eine angemessene alternative Lösung.

Etwa ein bis zwei Wochen vor dem Ereignis geben Sie einen Elternbrief an alle Familien Ihrer Gruppe und erklären darin Ihre geplante Pizzaparty, zu der jedes Kind eine von Ihnen bestimmte Zutat mitbringen soll. Diese schreiben Sie in den jeweiligen Brief.

In der Kita gestalten Sie für jedes Kind eine Einladung zur Pizzaparty. In der Einladung steht u.a. auch noch mal, welche Zutat das jeweilige Kind mitbringen soll.

Am Tag der Pizzaparty sammeln Sie die Zutaten und bereiten mit Hilfe der Kinder den Teig vor. Jedes Kind darf beim Belegen der Pizza helfen. Backen Sie die Pizza je nach Rezept, bis der Käse goldbraun ist.

Bereiten Sie während des Backens mit den Kindern den Tisch vor. Stellen Sie Teller, Besteck, Becher und alles, was Sie brauchen, auf den Tisch und dekorieren Sie ihn festlich.

Gemeinsam sitzen alle am Tisch zum Festschmaus und genießen das leckere Essen und die Gesellschaft der anderen Kinder.

Zum Schluss räumen alle gemeinsam auf.

Pizzeria

© DenisProduction.com – Shutterstock.com

Die meisten Kinder haben schon einmal ein Restaurant besucht. So kennen sie die üblichen Abläufe und Umgangsformen dort. Wir bieten eine eigene Pizzeria in der Rollenspielecke an, in der die Kinder essen, kochen oder bedienen können. Personen in diesem Szenario sind Pizzabäcker*in, Kellner*in und Gäste. So üben und imitieren die Kinder den üblichen, höflichen Umgang zwischen Gästen und dem Personal des Restaurants, den sie vielleicht bereits bei einem echten Restaurantbesuch gesehen haben. Sie erweitern ihren Wortschatz und erleben diese Rolle aus der Sicht einer anderen Person.

Speisekarten und Schilder fördern Literacy, indem die Kinder spielerisch die Verbindung von Wort und Bild herstellen. Dabei schulen sie ebenso ihr Lautgehör sowie die Erkennung einzelner Buchstaben und setzen Sprache und Schrift spielerisch als Kommunikationsmittel ein. Ihre Rolle als Erzieher*in ist dabei, das Spiel fortlaufend zu beschreiben, zu kommentieren und als Vorbild in den verschiedenen Tätigkeiten zu agieren.

Sie brauchen:

- ★ Stühle und Tische
- ★ Poster
- ★ Spielzeuggeschirr und -besteck
- ★ Kopiervorlage *„Speisekarte“ (S. 78)*
- ★ weißes Tonpapier
- ★ Tacker
- ★ weißes Transparentpapier
- ★ großer Karton
- ★ Block zum Schreiben
- ★ Stift

Los geht's:

Für die Mütze des*der Pizzabäcker*in schneiden Sie einen breiten Streifen weißes Tonpapier in der Länge des Kopfumfangs des Kindes und tackern weißes Transparentpapier daran, sodass eine typische Kochmütze entsteht. Ein großer Karton dient als Pizzaofen. Bauen Sie zusammen mit den Kindern das Restaurant auf und gestalten Sie ein großes Schild für den Eingang Ihres Restaurants. Decken Sie die Tische mit Geschirr und Besteck und legen Sie kopierte Speisekarten aus. Wenn Sie möchten, können Sie mit den Kindern eine eigene Speisekarte nach ihren Wünschen gestalten. Legen Sie einen Block zum Schreiben und einen Stift für die Bedienung bereit. Sie kann darauf die Bestellungen notieren.

Lassen Sie die Kinder eine von ihnen gewünschte Rolle aussuchen. Besprechen Sie, was einzelne Personen tun, welche Herausforderungen es evtl. geben könnte und welche Wörter sie benutzen (z. B. Belag, Speisekarte, Getränke). Erklären Sie den Kindern Wörter, die sie nicht kennen. Fragen Sie nach, ob den Kindern alle Pizzabeläge bekannt sind. Nehmen Sie selbst am Anfang als Gast, als zweite Bedienung oder Pizzabäcker*in teil, sodass Sie die Kinder im Spiel unterstützen können.

Speisekarte

Pizza

Pizza Salami....5 €

Pizza Tomate...5 €

Pizza Pilze .....5 €

Pizza Paprika...5 €

Pizza Spezial ...6 €

Salami

Oliven

Käse

Broccoli

Ei

Zwiebeln

Getränke

Wasser

Limonade

Finde jemanden, der dies mag

Nach einer Diskussion über Vorlieben der Kinder bei Pizza werden sie feststellen, dass sie oft denselben Geschmack haben wie einige ihrer Freund*innen. Gemeinsamkeiten sind eine der wichtigen Säulen für Freundschaft und dieses Spiel gibt den Kindern Gelegenheit, Gemeinsamkeiten zu finden, die sie sonst vielleicht nie entdeckt hätten. Dies ist ein Spiel, das den Kindern Gelegenheit gibt, mit anderen Kindern ins Gespräch zu kommen, mit denen sie vielleicht nicht so eng befreundet sind.

Sie brauchen:

- Kopiervorlage *„Finde jemanden, der dies mag"*
- Stifte

Los geht's:

Erklären Sie den Kindern, dass sie alle jetzt durch den Raum gehen, Kinder ansprechen und sie nach Lebensmitteln fragen, die sie mögen. Wenn das Kind eins der abgebildeten Lebensmittel mag, schreibt es seinen Namen auf die Linie. Schauen Sie gemeinsam, ob die Kinder alle Felder füllen konnten, und sprechen Sie über Vorlieben oder auch Abneigungen und fragen Sie nach, warum die Kinder diese haben.

Kopiervorlage

Finde jemanden, der dies mag

Salami

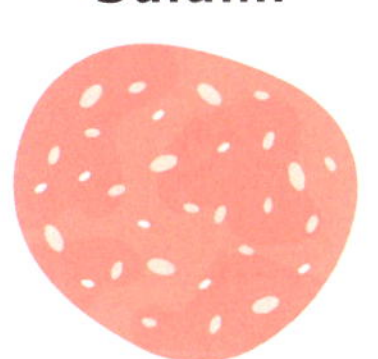

....

Oliven

....

Zwiebeln

....

Pilze

....

Ei

....

Paprika

....

Käse

....

Tomate

....

Broccoli

....

Literacy

B oder P?

Sie brauchen:

- ★ Kopiervorlage *„B oder P?“*
- ★ Tonkarton
- ★ 12 Wäscheklammern: 6 mit B beschriftet und 6 mit P beschriftet
- ★ 1 kleiner Korb

Los geht's:

Kopieren Sie die Vorlage (wenn möglich vergrößert) auf dickes Papier oder kleben Sie sie auf Tonkarton, um sie zu verstärken. Schneiden Sie den Kreis aus. Legen Sie den Kreis mit den beschrifteten Wäscheklammern in einen kleinen Korb. Die Kinder schauen sich die Bilder auf der Scheibe an und entscheiden durch langsames Aussprechen des Wortes, ob es mit B oder P beginnt. Wenn sie sich sicher sind, stecken sie die passende Wäscheklammer an das jeweilige Bild. Wenn die Kinder bei den Buchstaben noch sehr unsicher sind, spielen Sie das Spiel gemeinsam und sprechen Sie die Wörter langsam und sehr deutlich aus. Danach entscheiden Sie gemeinsam, mit welchem Buchstaben das Wort beginnt.

Kopiervorlage

B oder P

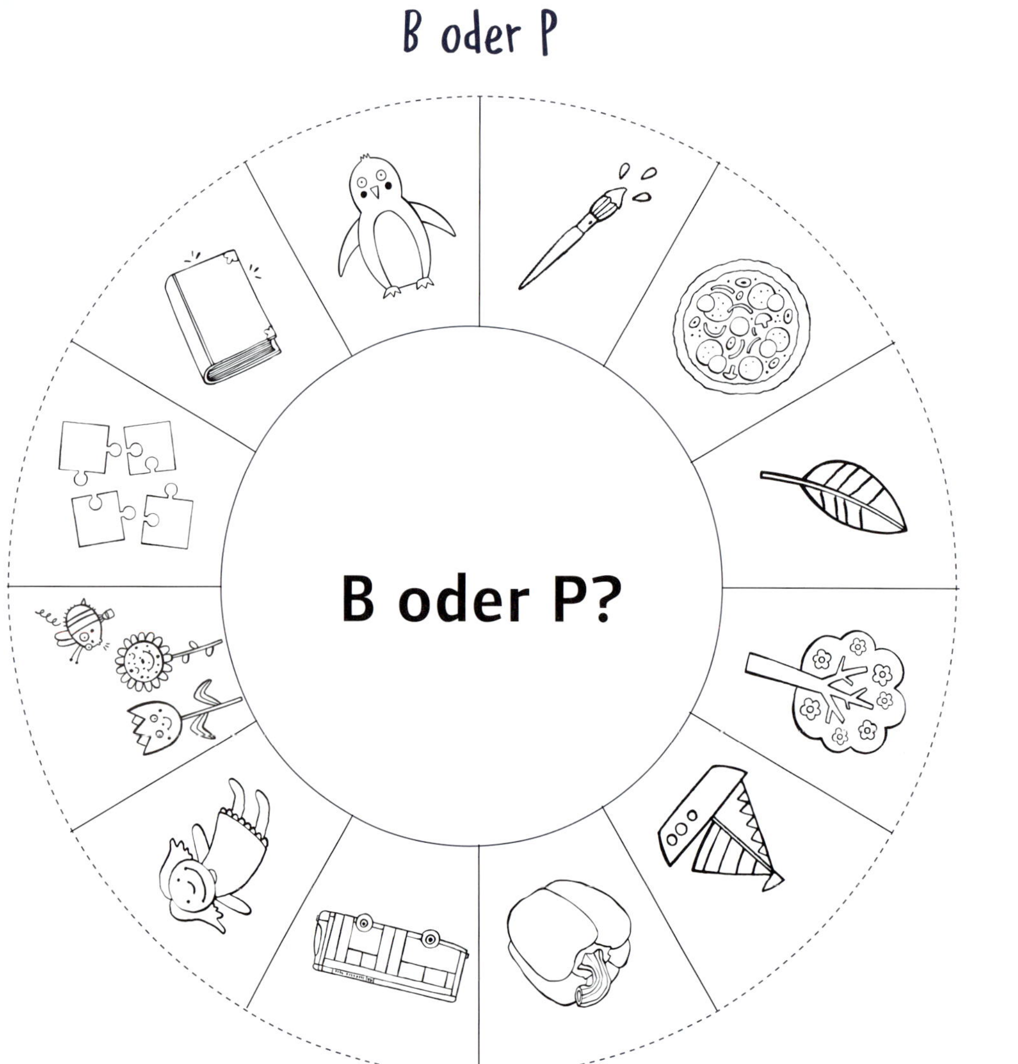

Die Buchstabenpizza

Sie brauchen:

- Kopiervorlage *„Buchstabenpizza"*
- Schere

Los geht's:

Kopieren Sie die Vorlage und schneiden Sie die Pizza und die Zutaten einzeln aus. Zur besseren Stabilität können Sie alles laminieren. Achten Sie beim Laminieren darauf, dass keine scharfen Kanten entstehen.
Die Kinder schauen sich die Zutaten genau an, sprechen die Wörter aus und hören genau hin, mit welchem Laut das Wort beginnt. Wenn Sie den passenden Anfangsbuchstaben zu ihrer Zutat gefunden haben, legen Sie die Zutat auf den Buchstaben auf der Pizza.
Erklären Sie den Kindern dieses Spiel genau und spielen Sie es einige Male mit ihnen, bevor Sie es ihnen selbst in die Hand geben.

Kopiervorlage

Buchstabenpizza

O

P

P

T

S

K

Pizza-Memo

Sie brauchen:
Kopiervorlage *„Pizza-Memo"*

Los geht's:
Kopieren Sie die Vorlage und schneiden Sie die einzelnen Teile des Spiels aus. Zur besseren Stabilität können Sie sie auch laminieren. Verteilen Sie die Karten umgedreht im Sitzkreis oder auf einem Tisch. Die Kinder finden nun durch abwechselndes Aufdecken der Karten Pizzapaare. Sie müssen genau hinschauen, denn die Pizzen unterscheiden sich nur durch den Belag. Wer am Ende die meisten Pizzapaare hat, gewinnt. Anschließend können Sie den Kindern das Spiel für Freispielsituationen zur Verfügung stellen.

Kopiervorlage

Pizza-Memo

Wahrnehmung

Pizza backen – eine Massagegeschichte

© BAZA Production – Shutterstock.com

Sie brauchen:

- ★ Text der Geschichte *(S. 84)*
- ★ Matten oder Decken

Los geht's:

Für diese Massagegeschichte finden sich immer zwei Kinder zu einem Paar zusammen. Ein Kind legt sich auf die Matte oder Decke, das andere sitzt daneben, sodass es den Rücken des*der Partner*in gut erreichen kann.
Lesen Sie den Text vor und zeigen Sie die passenden Bewegungen in der Luft, die die Kinder auf den Rücken ihrer Partnerkinder machen sollen. Am Ende der Geschichte können die liegenden Kinder sich noch ein bisschen ausruhen und die Massage wirken lassen. Danach tauschen die beiden Kinder die Rollen, sodass nun das andere Kind massiert wird. Lesen Sie die Geschichte noch einmal vor und machen Sie die Bewegungen, wie bereits beschrieben.

Schau gut hin

© AChanFoto – Shutterstock.com

Sie brauchen:

- ★ Kopiervorlage *„Schau gut hin" (S. 85)*
- ★ Buntstifte

Los geht's:

Die Kinder schauen sich die beiden Bilder an und versuchen, die zehn Unterschiede zwischen ihnen zu finden und einzukreisen.

Geschichte: „Pizza backen"

Geschichte	Bewegung
Um eine Pizza zu backen, müssen wir zunächst einmal den Teig vorbereiten. Dazu brauchen wir Zutaten, wie Mehl, Wasser, etwas Öl und Hefe. Diese tun wir in die Schüssel.	*mit beiden, flachen Händen große Kreise auf den Rücken malen*
Danach muss er gut geknetet werden.	*Knetbewegungen auf dem Rücken machen*
Jetzt muss der Teig ruhen. Die Hefe hilft dem Teig, größer zu werden. Dabei bläht er sich auf.	*Hände auf den Rücken legen und dort eine Weile lassen*
Dann rollen wir ihn aus.	*beide Hände zu Fäusten machen und eine Rollbewegung nach vorne machen*
Aber er ist noch zu klein. Wir kneten ihn noch mal	*Knetbewegungen auf dem Rücken machen*
und rollen ihn diesmal größer aus.	*größere Rollbewegungen machen*
Wir werfen den Teig in die Luft, dabei dreht er sich	*mit dem Finger kreisende Bewegungen machen*
und platscht auf den Tisch.	*leicht mit der flachen Hand auf den Rücken klopfen*
Jetzt wird es Zeit, die Beläge zu platzieren. Hm, was nehmen wir denn heute? Erst einmal brauchen wir natürlich die Tomatensoße. Die verteilen wir auf dem Teig.	*mit der flachen Hand große Kreise malen*
Dann nehmen wir Salami. Wir schneiden sechs Scheiben Salami ab	*mit der Handkante auf dem Rücken Schneidebewegungen machen*
und legen sie auf den Teig.	*6-mal mit den Fingern auf den Rücken klopfen*
Nun kommen die kleinen Oliven. Wir nehmen zehn Stück.	*mit einem Finger 10-mal auf den Rücken tippen*
Jetzt noch Tomaten drauflegen	*den Buchstaben „T" auf dem Rücken malen*
und ein paar Scheiben Ananas.	*den Buchstaben „A" auf den Rücken malen*
Was noch? Käse natürlich. Den streuen wir auf den belegten Teig.	*abwechselnd mit den Händen auf dem Rücken von oben nach unten krabbeln*
Endlich können wir die Pizza in den Ofen schieben.	*mit beiden Händen flach von unten nach oben streichen*
Bis sie fertig ist, dauert es 15 Minuten.	*mit den Fingern einer Hand wartend tippen*
Fertig! Hm, sieht das lecker aus. Wenn der Käse leicht braun ist, holen wir sie aus dem Ofen raus. Guten Appetit!	*mit beiden Händen flach von oben nach nach streichen*

Schau gut hin

Mathematik

Pizzastreifen

Sie brauchen:

- Kopiervorlage *„Pizzastreifen"*
- Schere

Los geht's:

Schneiden Sie die einzelnen Streifen der Puzzles auseinander und legen Sie diese für die Kinder auf einem Tisch bereit. Sie können dies für jedes Kind einzeln machen oder eine Kindergruppe puzzeln lassen. Die Kinder nehmen sich die Streifen und fügen sie so zusammen, dass ein Bild entsteht, wenn die Reihenfolge der Zahlen korrekt ist. Besprechen Sie im Anschluss mit den Kindern ihre Puzzleergebnisse und die Zahlenreihenfolge und gehen Sie auf die Formen der Zahlen ein, sodass die Kinder sich die Zahlen gut einprägen können.

Kopiervorlage

Pizzastreifen

1

2

3

4

5

6

7

8

Große und kleine Pizza

Sie brauchen:

- Kopiervorlage *„Große und kleine Pizza"*
- Schere
- Kleber

Los geht's:

Kopieren Sie die Vorlage in Anzahl der Kinder, die mitmachen. Die Kinder schneiden alle Pizzen aus. Um die Pizzen stabiler zu machen, können die Kinder alles auf Karton kleben und noch mal ausschneiden. Danach betrachten sie die Pizzen und legen sie von klein nach groß vor sich auf den Tisch. Besprechen Sie die Ergebnisse der Kinder und vergleichen Sie, ob alle die richtige Reihenfolge gelegt haben.
Im Anschluss können die Kinder die Bilder neu mischen und nun von groß nach klein legen.

Kopiervorlage

Große und kleine Pizza

Wo sind mehr Zutaten?

Sie brauchen:

★ Kopiervorlage *„Auf welcher Seite sind mehr Zutaten?"*
★ Buntstifte

Los geht's:

Kopieren Sie die Vorlage in Anzahl der Kinder. Die Kinder schauen sich genau die Zeilen der Vorlage an und entscheiden, welches der beiden Bilder die größere Anzahl Zutaten darstellt, und kreisen diese ein. Vergleichen und besprechen Sie im Anschluss die Ergebnisse der Kinder.

Kopiervorlage

Auf welcher Seite sind mehr Zutaten?

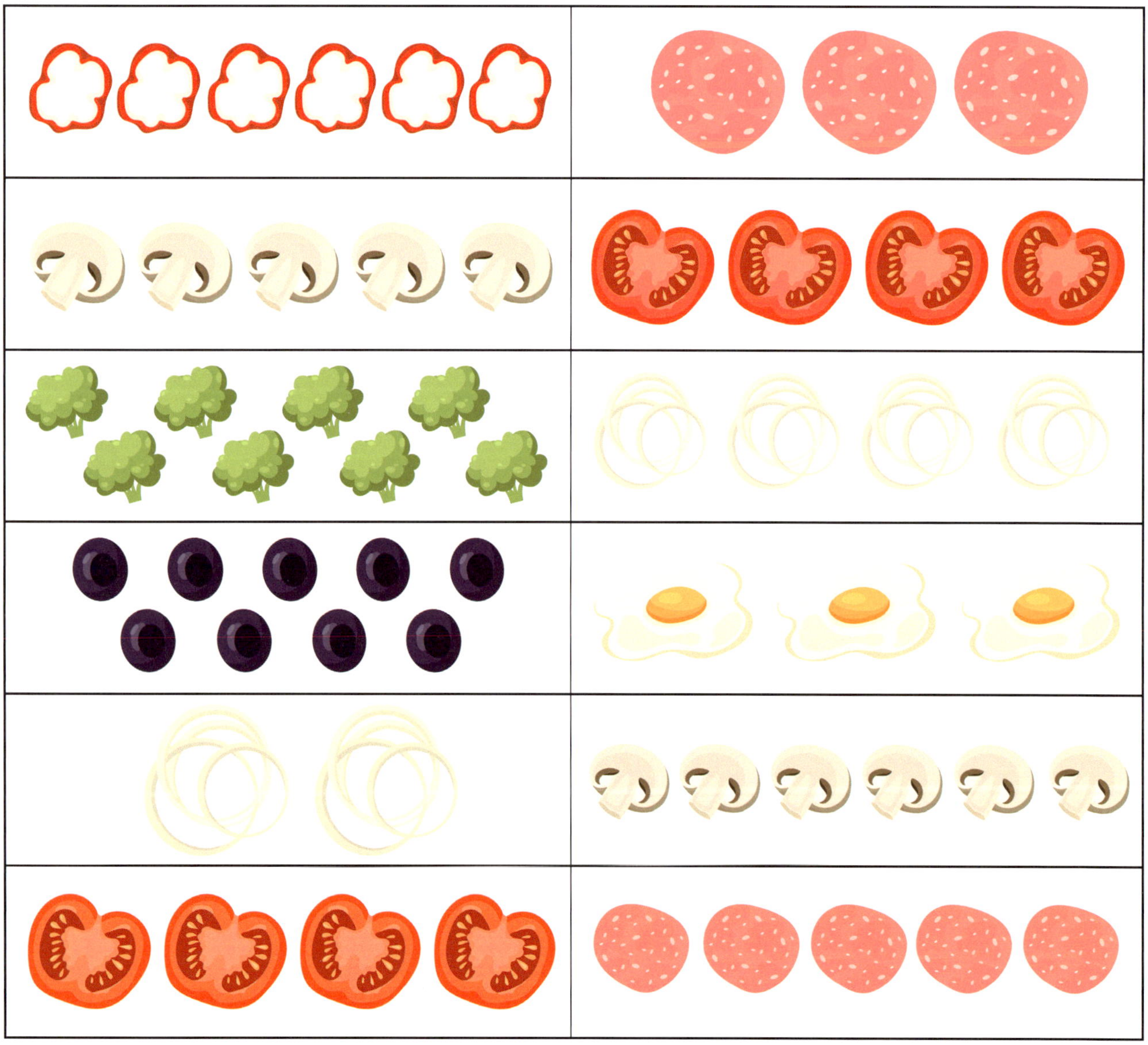

Motorik

Pizza-Kommandos

Sie brauchen:

- Kopiervorlage *„Kommando-Würfel"*
- Schere
- Kleber

Los geht's:

Kopieren Sie die Vorlage (wenn möglich vergrößert) und basteln Sie den Würfel.
Alle Kinder suchen sich einen sicheren Platz für Körperbewegungen. Ein Kind oder ein*e Erzieher*in wirft den Würfel und ruft laut das gewürfelte Kommando (s. u.) aus, das alle nun durchführen. Wenn alle das Kommando ausgeführt haben, wird ein neues gewürfelt. Sie können auch die Kinder würfeln lassen.

Kommando Käse: *10-mal auf der Stelle laufen*
Kommando Zwiebel: *10 Hampelmänner springen*
Kommando Salami: *10-mal auf einem Bein hüpfen*
Kommando Pilz: *10 Schritte in der Hocke watscheln*
Kommando Paprika: *10-mal Arme schwingen lassen*
Kommando Tomate: *10 Kniebeugen machen*

Kopiervorlage

Kommando-Würfel

Pizzameister

© Studio.G photography – Shutterstock.com

Sie brauchen:

- ★ mehrere Kinderpinzetten
- ★ große braune Filzkreise
- ★ kleine rote Filzkreise als Tomaten
- ★ gelbe Perlen als Käse
- ★ grüne und schwarze Perlen als Oliven o. Ä.

Los geht's:

Die Kinder dekorieren ihre eigenen Pizzen mit dem zur Verfügung gestellten Material. Die Herausforderung besteht darin, die Pinzetten dafür zu benutzen. Mal sehen, wer am längsten durchhält.

Pizza aus Knete

© Kansitang P – Shutterstock.com

Sie brauchen:

- ★ Knetgummi in verschiedenen Farben
- ★ Knetroller
- ★ Plastikbesteck aus dem Rollenspielbereich

Los geht's:

Stellen Sie die Knete und die dazugehörigen Utensilien auf den Tisch, sodass die Kinder dort aus Knete eine Pizza formen, schneiden und belegen können.

Rezept: essbare Knete

Zutaten:

- ★ 11 EL Weizenmehl
- ★ 6 EL Puderzucker
- ★ 3 Päckchen Vanillezucker
- ★ 3 TL Salz
- ★ 2 TL Zitronensaft
- ★ 1 TL Pflanzenöl
- ★ 4 EL Wasser
- ★ 3 Lebensmittelfarben

Zubereitung:

Das Mehl und den gesiebten Puderzucker in einer Rührschüssel mit dem Vanillezucker, dem Salz und dem Zitronensaft gut vermischen. Dann das Öl dazugeben. Danach den Teig dritteln und die drei Lebensmittelfarben in jeweils einen vollen Esslöffel Wasser mischen und jeweils einem Teigdrittel hinzufügen. Die drei Teige nun per Hand so lange kneten, bis sie weich sind. Sie können die Knete bis zu sechs Wochen separat in Plastikbehältern oder -beuteln aufbewahren. Wenn Sie mehr Farben anbieten möchten, passen Sie die Zutatenmengen sowie die Anzahl der Lebensmittelfarben an.

Naturwissenschaften/Experimente

Experiment mit Hefe

Sie brauchen:

- 2 leere Trinkflaschen
- 2 Luftballons
- 2 TL Zucker
- 1 Päckchen Trockenhefe
- 120 ml warmes Wasser

Los geht's:

Geben Sie jeweils einen halben Teelöffel Zucker in die beiden Flaschen. Dann schütten Sie die Trockenhefe in eine der beiden Flaschen und geben 60 ml warmes Wasser in beide Flaschen. Stülpen Sie nun die Luftballons über die Flaschenhälse und beobachten Sie gemeinsam. Während Sie darauf warten, dass die Flasche mit der Hefe den Ballon aufblasen wird, können Sie mit den Kindern überlegen, was passiert, warum das passiert und warum Hefe im Pizzateig wichtig ist (damit er aufgeht und locker luftig wird).

Transport

Transportmittel sind bei Kindern sehr beliebt. Viele hatten schon ein Dreirad oder einen Roller und Fahrradfahren ist die nächste Herausforderung für die Vorschulkinder. Auch sind die meisten bereits gereist, ob im Auto, Flugzeug oder mit dem Zug. Dieses Thema gibt Ihnen zudem die Gelegenheit, über Reiseziele zu sprechen – andere Länder, Sprachen etc. bieten sich für eine kulturelle Diskussion bestens an.

Sozial-Emotionales Lernen

Rollenspiel Flughafen

© Dina Uretski – Shutterstock.com

Viele Kinder sind schon gereist oder wissen viel über Flughäfen und Transport. Dieses Rollenspiel lässt sie diese Erlebnisse aktiv nachspielen. Sie lernen, eigene Ideen und Wünsche zu äußern, und verarbeiten bereits Erlebtes.

Sie brauchen:

- Kopiervorlage *„Bordkarten" (S. 93)*
- Poster
- Stifte
- Stühle
- einen Servierwagen für die Flugbegleiter*innen
- kleine Koffer oder Taschen
- leere, offene Kiste

Los geht's:

Kreieren Sie einen Rollenspielbereich zum Thema „Flughafen". Dazu können Sie ein großes Poster mit dem Begriff „Flughafen" für den Eingang basteln und weitere Schilder für einzelne Bereiche, z. B. Passkontrolle, Boarding, Gepäckaufgabe, Abflug, Ankunft etc. Die Gestaltung richtet sich je nach Platz, den Sie zur Verfügung haben.

Bauen Sie wie in einem Flugzeug aus Stühlen Sitzreihen und lassen Sie genug Platz dazwischen, dass der*die Flugbegleiter*in mit dem Wagen hindurchkommt.

Ein Tisch und ein Stempel dienen als Kontrollpunkt für das Boarding.

Ein Gepäckband können Sie einfach aus einer leeren, offenen Kiste gestalten. Kleine Reisetaschen oder Kinderkoffer können die Kinder vielleicht von zu Hause mitbringen.

Kopieren Sie die Bordkarten und stellen Sie sie den Kindern zur Verfügung.

Im Spiel nehmen die Kinder unterschiedliche Rollen an, wie z. B. Pilot*in, Flugbegleiter*in, Passagier*in, Passkontrolleur*in etc. Die Kinder begeben sich im Rollenspiel in Rollen erwachsener Personen und auch in Rollen von Berufen. So üben sie Fachvokabular und Gesprächsabläufe, Abläufe am Flughafen und bei der Kofferaufgabe.

Helfen Sie den Kindern, in ein Spiel zu kommen, und spielen Sie anfangs als Passagier*in o. Ä. mit. So finden auch die Kinder einen Zugang zum Spiel, die vielleicht noch nicht mit dem Flugzeug verreist sind. Wenn Sie merken, dass die Kinder selbstständig ins Spiel gefunden haben, können Sie sich aus der Situation zurückziehen.

Bordkarten

Flugschein

Name:

Flugnummer

Abflugszeit:

Bordkarte

Name:

Sitzplatz:

Flugschein

Name:

Flugnummer

Abflugszeit:

Bordkarte

Name:

Sitzplatz:

Flugschein

Name:

Flugnummer

Abflugszeit:

Bordkarte

Name:

Sitzplatz:

Flugschein

Name:

Flugnummer

Abflugszeit:

Bordkarte

Name:

Sitzplatz:

Vorlieben-Würfel

Sie brauchen:

- ★ Kopiervorlage *„Vorlieben-Würfel"*
- ★ Schere
- ★ Kleber

Los geht's:

Basteln Sie im Vorfeld den Würfel. Wenn es möglich ist, vergrößern Sie die Vorlage am Kopierer, sodass der Würfel größer wird. Zeigen Sie ihn den Kindern. Erklären Sie, dass auf jeder Seite jeweils zwei Transportmittel abgebildet sind. Nachdem ein Kind gewürfelt hat, soll es die Frage beantworten: „Würdest du lieber mit … reisen oder mit …?" Dabei sollen sie ihre Präferenz zwischen den beiden abgebildeten Transportmitteln nennen.

Sie beginnen, würfeln und wählen von den Bildern ihre Vorliebe aus. Der Würfel geht dann weiter, bis jedes Kind einmal dran war und ein Transportmittel der gewürfelten Seite gewählt hat. Anschließend fragen Sie in die Runde, wer sich an die Antworten der anderen Kinder erinnert, und welches Kind vielleicht die gleiche Antwort gegeben hat wie man selbst. Die Kinder lernen, genauer zuzuhören, sich Dinge über ihre Freund*innen zu merken, und erfahren Gemeinsamkeiten.

Kopiervorlage

Vorlieben-Würfel

Literacy

Transportmittel und ihre Buchstaben

Sie brauchen:

- Kopiervorlage *„Transportmittel und ihre Buchstaben"*
- Schere

Los geht's:

Schneiden Sie die kopierten Vorlagen aus und legen Sie diese den Kindern auf einem Tisch bereit. Die Kinder schauen sich alles gut an und versuchen, die Fahrzeuge richtig zusammenzulegen. Wenn sie dies richtig getan haben, ergibt sich einerseits das Bild des Fahrzeugs und andererseits sehen sie, aus welchen Buchstaben das Wort besteht, das das Fahrzeug benennt.
Weiterführend können Sie mit den Kindern im Gespräch darauf eingehen, welche Buchstaben öfter in Wörtern vorkommen, oder die Längen der Wörter vergleichen. Welche sind kürzer und welche sind länger? Die Kinder können dann z. B. die Fahrzeuge nach Wortlängen sortieren.

Kopiervorlage

Transportmittel und ihre Buchstaben

Mein Nummernschild

Sie brauchen:

- ★ Kopiervorlage *„Nummernschild"*
- ★ Schere
- ★ Kleber

Los geht's:

Kopieren Sie die Vorlage so oft, dass jedes Kind ein Nummernschild bekommt.

Sprechen Sie mit den Kindern über Nummernschilder. Wissen die Kinder, was Nummernschilder sind? Wo kann man sie finden? Wozu braucht man sie? Vielleicht wissen die Kinder, wie die Nummernschilder der Autos ihrer Eltern lauten.

Die Kinder gestalten nun ihr eigenes Nummernschild. Dazu schneiden sie das Nummernschild genau aus. Danach können sie entweder ihre Namen groß in die Nummernschilder schreiben oder Sie drucken die Namen der Kinder geschrieben (am PC) aus, die Kinder schneiden die Buchstaben aus und kleben sie in der richtigen Reihenfolge auf. Danach können die Kinder ihre Nummernschilder dekorieren und ausgestalten. Dafür können sie sich frei im Kreativbereich bedienen.

Variante:

Die Kinder kreieren Nummernschilder für Rollenspiele, in denen Sie mit Transportmitteln unterwegs sind, z. B. für Fahrzeuge im Außengelände.

Kopiervorlage

Nummernschild

Transport

„Alle Hände fliegen hoch" mit Transportmitteln

© 2xSamara.com – Shutterstock.com

Los geht's:

Dieses Spiel eignet sich besonders als Kreisspiel. Dabei sitzen die Kinder so, dass sie mit ihren Händen abwechselnd auf ihre Oberschenkel klatschen können. In diesem Spiel sollen die Kinder ihre Hände heben, wenn Sie ein Transportmittel nennen, das fliegen kann (Flugzeug, Heißluftballon, Helikopter etc.). Beginnen Sie das Spiel mit „Alle Flugzeuge fliegen hoch". Da dies den Spielregeln entsprechend eine korrekte Aussage ist, heben alle Kinder ihre Hände in die Luft, bevor sie wieder auf die Oberschenkel klatschen. Sie nennen dann weitere Transportmittel, gemischt mit anderen Gegenständen oder Fahrzeugen, die nicht fliegen können, auf die die Kinder durch Heben der Hände reagieren. Wenn der genannte Gegenstand kein Transportmittel ist, das fliegen kann, heben die Kinder ihre Hände nicht, sondern klatschen weiter. Wer hält durch und lässt sich nicht verwirren?

Varianten:

- ★ Kinder, die falsch auf die Aussage reagieren, scheiden aus dem Spiel aus.
- ★ Statt Transportmitteln können Sie auch Verben benutzen, die mit dem Transportmittel assoziiert werden (fliegen, schweben, gleiten etc.).

Mathematik

Wovon hast du am meisten?

Diese Aktivität fördert nicht nur das Zählen, sondern vermittelt gleichzeitig Mengenkonzepte (mehr – weniger) und lässt die Kinder erste Tabellen lesen.

Sie brauchen:

- ★ Kopiervorlagen *„Wovon hast du am meisten?" (S. 98)*
- ★ pro Kind eine kleine Tüte oder einen Briefumschlag
- ★ Scheren
- ★ Kleber

Los geht's:

Kopieren und verstärken Sie die Vorlagen (z. B. mit Karton) und schneiden Sie die Bilder aus, mischen Sie diese gut und geben Sie wahllos jeweils 20 Bildchen in eine kleine Tüte oder einen Briefumschlag für jedes Kind (jeder Bildersatz soll anders als die anderen sein). Die Kinder bekommen ihre Tüte und sortieren die Bilder nach Transportmitteln. Dann kleben sie diese in die entsprechenden Zeilen ihrer Tabelle und schauen, von welchem Transportmittel sie die meisten und die wenigsten Bilder haben. Lassen Sie die Kinder ihre Tabellen vergleichen.

Kopiervorlage

„Wovon hast du am meisten?“ – Tabelle

	1	2	3	4	5	6	7	8

Kopiervorlage

„Was hast du am meisten?“ – Bilder

Fahrzeuge messen

Sie brauchen:

- Kopiervorlage *„Fahrzeuge messen"*
- Klemmbausteine
- Stifte

Los geht's:

Kopieren Sie die Vorlage für jedes Kind. Wenn es möglich ist, können Sie die Vorlagen am Kopierer vergrößern. Lassen Sie die Kinder jeweils einen Klemmbaustein an die Randlinie des Bildes legen und so viele Steine hinzufügen, wie das Fahrzeug lang ist. Die Ergebnisse tragen sie dann in die Felder ein. Dazu können sie die Zahlen aufschreiben oder die Menge in Form von Strichen oder Punkten ausdrücken. Sprechen Sie mit den Kindern auch über ihre Erfahrungen in der Realität: Kann ein Auto wirklich länger sein als ein Flugzeug?

Kopiervorlage

Fahrzeuge messen

.... lang	.... lang
.... lang	.... lang
.... lang	.... lang
.... lang	.... lang

Zahlen-Stau

Sie brauchen:

- Kopiervorlage *„Zahlen-Stau“*
- Schere

Los geht's:

Kopieren Sie die Vorlage (wenn möglich vergrößert) für jedes Kind. Um die Vorlage zu stabilisieren, können Sie sie auf Karton kleben. Die Kinder schneiden die einzelnen Fahrzeuge der unteren Hälfte der Vorlage aus und legen sie mit der in der Reihe fehlenden Zahl in die Lücke. Vergleichen Sie im Anschluss die Ergebnisse der Kinder.

Kopiervorlage

Zahlen-Stau

	2	3	4		6	7
	6	5		3		1
1	2	3	4			7
7		5	4			1
	2		4	5		

Nach rechts oder nach links?

Sie brauchen:

- Kopiervorlage *„Nach rechts oder nach links?“*
- pro Kind einen roten und einen blauen Stift

Los geht’s:

Kopieren Sie die Vorlage für jedes Kind. Die Kinder betrachten die Fahrzeuge auf dem Bild und entscheiden, ob diese sich nach rechts oder nach links bewegen. Dabei umkreisen sie alle, die nach rechts fliegen oder fahren, mit Rot, und alle, die sich nach links bewegen, mit Blau. Vergleichen Sie anschließend zusammen, ob alle es richtig gemacht haben. Wenn die Kinder Schwierigkeiten haben, diese Aufgabe zu lösen, können sie auch in Gruppen oder Zweierteams zusammenarbeiten.

Kopiervorlage

Nach rechts oder nach links?

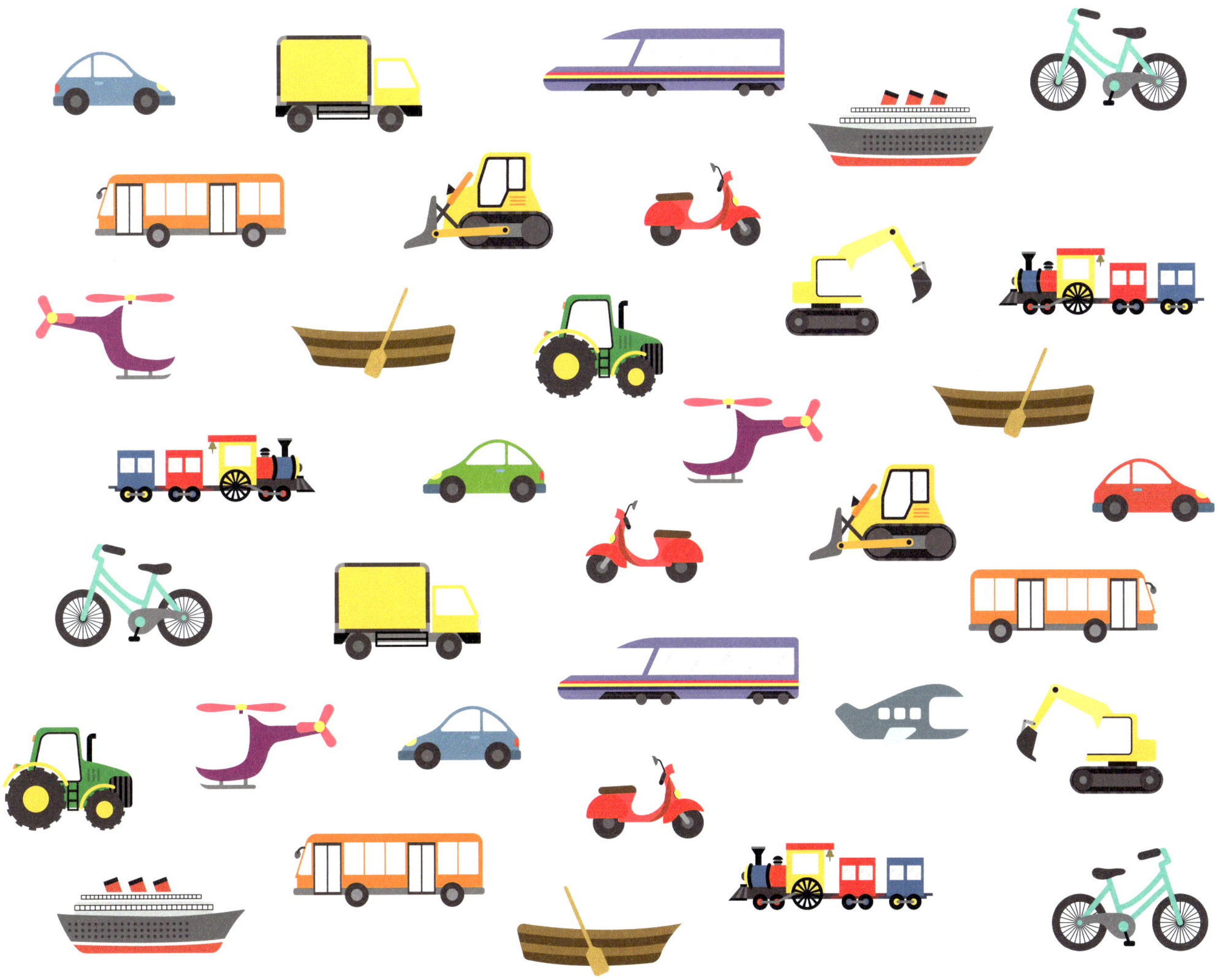

Streifenpuzzle

Sie brauchen:
Kopiervorlage *„Streifenpuzzle"*

Los geht's:
Kopieren Sie die Vorlage und legen Sie das Puzzle in einem Korb bereit. Die Kinder legen die Teile gemäß der Zahlenreihe aneinander. So entsteht das Bild mit mehreren Fahrzeugen. Wenn die Kinder die Zahlen noch nicht kennen, legen sie das Puzzle anhand des Bildes zusammen und erkennen, dass sich daraus ebenfalls eine Zahlenreihe ergibt. Diese können Sie, wenn das Puzzle fertig gelegt ist, mit den Kindern besprechen und durchgehen.

Kopiervorlage

Streifenpuzzle

1	2	3	4	5	6	7	8

Wo siehst du diese Transportmittel?

Sie brauchen:

- Kopiervorlage *„Wo siehst du diese Transportmittel?"*
- Schere

Los geht's:

Kopieren Sie die Vorlage für jedes Kind. Die Kinder schneiden die kleinen Bilder aus. Sie sortieren die Transportmittel so in die Tabelle, dass sie nach Luft-, Wasser-, Straßen-, und Baustellenfahrzeugen geordnet sind.
Im Anschluss sprechen Sie mit den Kindern über die Ergebnisse und vergleichen sie. Sie können dieses Spiel mit einer Kindergruppe zusammen machen oder die Kinder lösen die Aufgabe einzeln.

Kopiervorlage

Wo siehst du diese Transportmittel?

Luft	Wasser	Straße	Baustelle

Illustrationen: Anja Boretzki

Wahrnehmung

Fahrzeughälften

Sie brauchen:

- ★ Kopiervorlage *„Fahrzeughälften"*
- ★ Buntstifte

Los geht's:

Die Kinder betrachten die Vorlagen ganz genau und suchen die jeweils passende Hälfte der links dargestellten Fahrzeuge auf der rechten Seite. Die linken Hälften sind jeweils durch einen farbigen Punkt gekennzeichnet. Die Kinder malen den Kreis der passenden Hälfte in derselben Farbe an.

Kopiervorlage

Fahrzeughälften

Wimmelbild Transportmittel

Sie brauchen:

- Kopiervorlage *„Wimmelbild Transportmittel"*
- Stifte

Los geht's:

Die Kinder betrachten das Bild und zählen, wie oft sie jedes der Transportmittel erkennen. Dann vermerken sie dies in den darunter befindlichen Kästchen. Sie können die Anzahl als Zahl hineinschreiben oder in Punkten oder Strichen hineinmalen, je nachdem, ob sie schon Zahlen schreiben können oder nicht.

Kopiervorlage

Wimmelbild Transportmittel

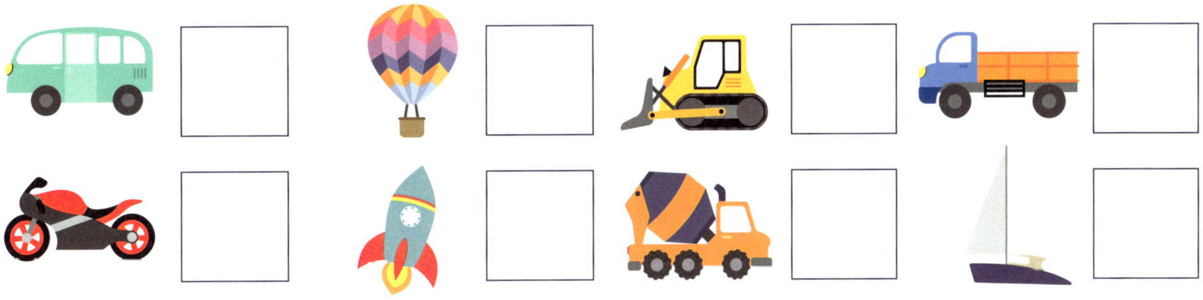

Was passt hier nicht?

Sie brauchen:

- Kopiervorlage *„Was passt hier nicht?"*
- Buntstifte

Los geht's:

In jeder Reihe des Blattes identifiziert das Kind dasjenige Transportmittel, das nicht zu den anderen passt, und kreist es ein.

Kopiervorlage

Was passt hier nicht?

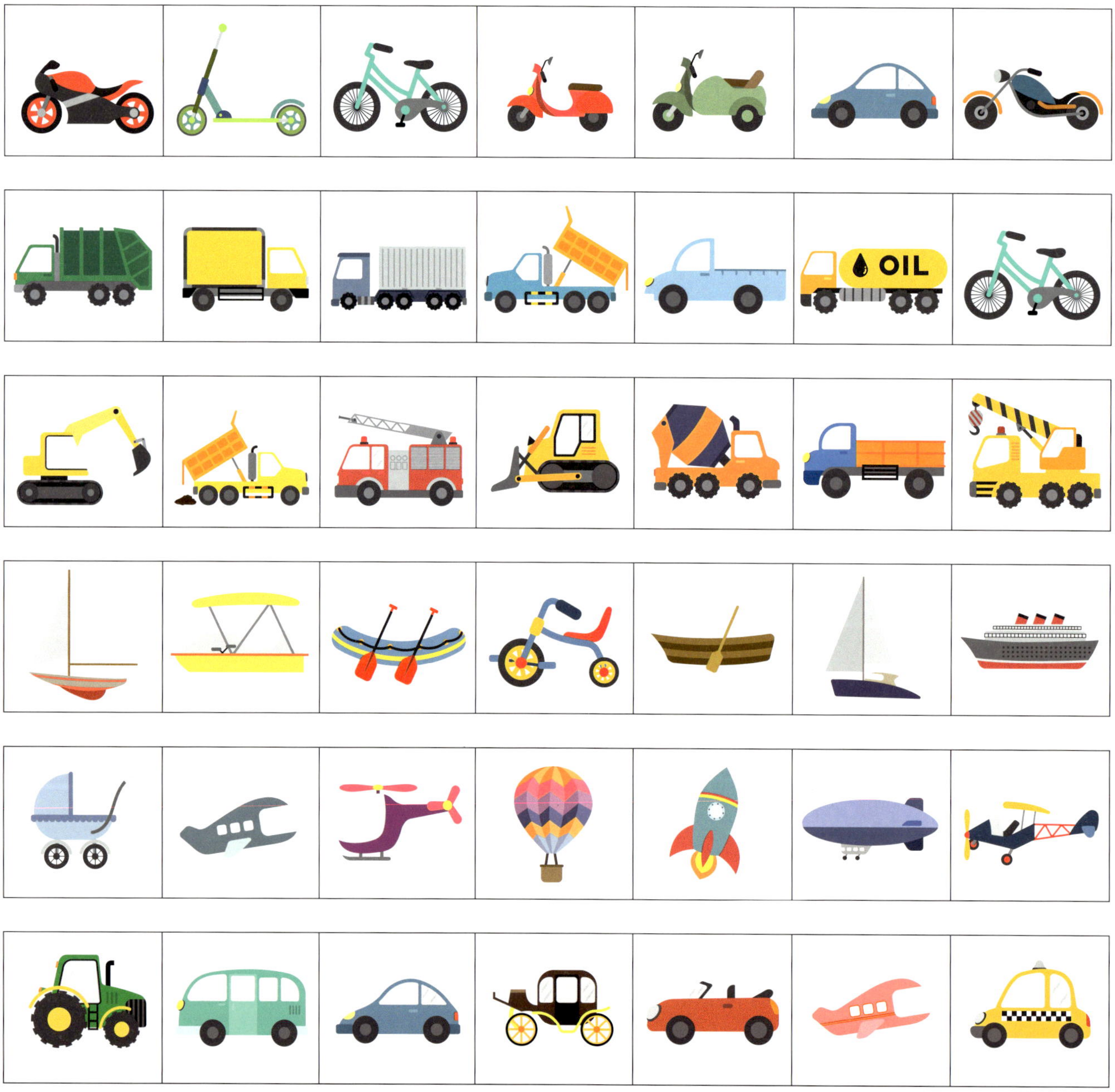

Motorik

Wir bewegen uns wie Fahrzeuge

Sie brauchen:

- Kopiervorlage *„Fahrzeug-Würfel"*
- Schere
- Kleber

Los geht's:

Kopieren Sie die Vorlage möglichst vergrößert und setzen Sie den Würfel zusammen. Suchen Sie eine Stelle drinnen oder draußen, wo die Kinder Platz haben, sich zu bewegen. Jedes Kind darf dabei den Würfel einmal werfen und das gezeigte Transportmittel ausrufen. Die Kinder bewegen sich dann wie für das Fahrzeug vorgegeben.

Hubschrauber: *Drehe dich mit ausgestreckten Armen um dich selbst.*

U-Boot: *Gehe tief in die Hocke und bewege dich vorwärts.*

Rakete: *Strecke beide Arme nach oben und springe aus der Hocke hoch.*

Flugzeug: *Strecke beide Arme aus und bewege dich vorwärts.*

Rennwagen: *Male eine große liegende Acht mit einem ausgestreckten Arm.*

Kran: *Strecke beide Arme hoch und strecke dich nach oben.*

Kopiervorlage

Fahrzeug-Würfel

Rennstrecken für Schwungübungen

Sie brauchen:

- Kopiervorlage *„Rennstrecken"*
- Malerband

Los geht's:

Kleben Sie die größer kopierten Vorlagen mit dem Malerband auf je einen Tisch und laden Sie die Kinder ein, die Strecken mit Spielautos abzufahren, ohne davon abzukommen.

Varianten:

- Bieten Sie Wachsmalstifte an, um die Strecken ohne Absetzen abzufahren.
- Kleben Sie die Rennstrecken unter die Tische, sodass die Kinder diese auf dem Rücken liegend mit Autos oder Stiften befahren können.
- Die Rennstrecken können ebenfalls an einer Wand oder Tür angebracht werden, um den Kindern weitere Möglichkeiten anzubieten und die Perspektive zu wechseln.
- Kleben Sie die Rennstrecke auf ein starkes Kartonpapier. Geben Sie dem Kind eine Magnetkugel und einen Stabmagneten. Mit diesem kann das Kind dann die Kugel von unterhalb der Strecke durch die Kurven führen.

Kopiervorlage

Rennstrecken

Wassertransport

Sie brauchen:

- 2 leere Schüsseln
- 1 Schwamm
- 1 Handtuch für jedes Kind

Los geht's:

Es wäre gut, wenn Sie diese Aktivität im Außengelände durchführen. Füllen Sie eine der Schüsseln mit Wasser und stellen Sie die Schüsseln mit genügend Abstand zueinander auf, sodass die Kinder zwischen den Schüsseln ein paar Meter zurücklegen müssen. Legen Sie den Schwamm hinein und fordern Sie die Kinder auf, den vollgesogenen Schwamm aus der Schüssel zu nehmen und das Wasser zur zweiten Schüssel zu transportieren und dort auszudrücken, so lange, bis alles Wasser der ersten Schüssel in die zweite Schüssel transportiert wurde.

Varianten:

- Verteilen Sie das Wasser auf die beiden Schüsseln. Dann färben Sie das Wasser der ersten Schüssel blau und das der zweiten gelb. Die Kinder mischen das Wasser und stellen die Farbe Grün her. Dies können Sie natürlich mit allen Primärfarben machen.
- Führen Sie diese Aktivität als Rennen durch, indem zwei Kinder oder Kleingruppen versuchen, das Wasser schneller als die anderen in die zweite Schüssel auszudrücken.
- Statt eines Schwammes können Sie den Kindern eine Suppenkelle oder Sandförmchen anbieten.

Naturwissenschaften/Experimente

Wie ist der Pompon schneller?

Sie brauchen:

- Malerband
- Pompons
- Strohhalme
- 1 Tisch

Los geht's:

Kleben Sie mit dem Malerband eine Rennstrecke aus zwei Malerband-Streifen parallel mit ca. 20 cm Abstand zueinander auf die Tischfläche. Diese reichen von einem Ende des Tisches zum anderen. Mit einem Abstand von ca. 50 cm kleben Sie eine zweite Rennstrecke neben die erste.

Die Kinder versuchen zunächst, je einen Pompon mit dem Mund möglichst weit über eine der Strecken zu pusten. Die Distanzen werden von Ihnen gemessen und notiert. Danach wiederholen sie diese Aktivität, benutzen jedoch diesmal einen Strohhalm zum Pusten. Auch hier wird gemessen, notiert und anschließend werden die Strecken verglichen. Haben die Kinder die Pompons mit dem Strohhalm oder mit dem Mund weiter gepustet?

Machen Sie zwischendurch immer wieder Pausen, damit die Kinder sich vom Pusten entspannen können.

Variante:

Die Kinder versuchen, das Ende der Strecke zu erreichen, und zählen, wie oft sie dazu mit dem Strohhalm bzw. dem Mund pusten mussten.

Hubschrauber aus Papier

© Verlag an der Ruhr

Sie brauchen:

- Kopiervorlage *„Hubschrauber"*
- 1 Büroklammer
- Schere

Los geht's:

Kopieren Sie die Vorlage vergrößert für jedes Kind. Die Kinder schneiden diese entlang Schneidelinien aus bzw. ein. Feld 1 falten sie an der Faltlinie nach vorn, Feld 2 nach hinten. Die Felder 3 und 4 falten die Kinder jeweils nach hinten. Zum Schluss falten sie das Feld 5 auch nach hinten und befestigen daran eine Büroklammer. Anschließend lassen die Kinder diese Hubschrauber mit hochgestrecktem Arm fallen.

Kopiervorlage

Hubschrauber

1 2

3 4

5

Faltlinie:

Schneidelinie:

Rampen

Sie brauchen:

- ★ 2 Spielzeugautos
- ★ 2 ca. 1 m lange und 20 cm breite Kartons oder Sperrholz

Los geht's:

Legen Sie die Enden der Platten auf verschiedenen Höhen ab, sodass das andere Ende den Boden berührt, z. B. auf einer Spielkiste, einem Stuhl, einem Regal o. Ä. Die Kinder lassen die beiden Autos vom Start am oberen Ende das Brett hinunterfahren und markieren, wie weit die beiden Autos gekommen sind. Anschließend vergleichen sie die Strecken und überlegen, ob der Winkel des Brettes das Ergebnis der Autos beeinflusst hat. Danach experimentieren sie mit verschiedenen Winkeln ihrer Rampen, um zu sehen, welcher Winkel ihr Auto schneller macht.